MW01705832

kobiety,
które
martwią się
za bardzo

w sprzedaży również:

introwertyzm
to zaleta

Marti Olsen Laney

czyje
to
właściwie
życie?

oraz

zazdrosny
partner

Niny Brown

zdobędziesz
miłość, jakiej
pragniesz

Harville'a Hendriksa

czas
kobiet

oraz

wychowanie
do szczęścia

Iwony Majewskiej-Opiełki

twój umysł
stać na
więcej

Billa Lucasa

nie daj się
oszukać

Davida J. Liebermana

sposób
na życie
80/20

Richarda Kocha

dzień dobry...
i co dalej?

Erica Berne'a

słowa, które
pomagają
wygrać

Dona Gabora

kiedy
kochasz
gniewnego
człowieka

W. Doyle'a Gentry'ego

zachowaj
sprawny
umysł przez
całe życie

Iana Robertsona

kobiety,
które
kochają
za bardzo

Robin Norwood

nie musisz
tego słuchać

Arthura H. Bella

Holly
Hazlett-Stevens

wstęp: dr Michelle G. Craske

kobiety, które martwią się za bardzo

Przełożyła
Agnieszka Jacewicz

REBIS

DOM WYDAWNICZY REBIS
POZNAŃ 2006

Tytuł oryginału
Women Who Worry Too Much

Redaktor merytoryczny
Wisława Grabarczyk-Kostka

Redaktor
Agnieszka Horzowska

Opracowanie graficzne serii, projekt okładki oraz fotografia na okładce
Piotr Majewski

Wydanie I

ISBN 83-7301-865-4

Dom Wydawniczy REBIS Sp. z o.o.
ul. Żmigrodzka 41/49, 60-171 Poznań
tel. 0-61-867-47-08, 0-61-867-81-40; fax 0-61-867-37-74
e-mail: rebis@rebis.com.pl
www.rebis.com.pl

Skład ZAPIS
Gdańsk, tel. 0-58-347-64-44

Tomowi,
wspaniałemu mentorowi i wyjątkowemu człowiekowi

SPIS TREŚCI

PODZIĘKOWANIA

Informacje i ćwiczenia przedstawione w tej książce są oparte na badaniach, doświadczeniach klinicznych i teoretycznych pracach wielu specjalistów. Niejeden psycholog poświęcił całą karierę na badanie natury obaw i lęków oraz poszukiwanie sposobów walki z nimi. Ta publikacja nie powstałaby bez ich ogromnego wkładu. Wymienienie wszystkich byłoby niemożliwe, ale największy wpływ na moje przemyślenia miały głównie prace i opinie specjalistów, takich jak Thomas Borkovec, Michelle Newman, Louis Castonguay, Robert Ladouceur, Michel Dugas, Mark Freeston, David Barlow, Michelle Craske, Graham Davey, Adrian Wells, Gillian Butler, Lars-Göran Öst, Douglas Bernstein, Richard Heimberg, Lizabeth Roemer i Susan Orsillo.

Jestem bezgranicznie wdzięczna wszystkim moim mentorom i opiekunom z okresu studiów i zdobywania przeze mnie kwalifikacji. Szczególnie dużo zawdzięczam Tomowi Borkovecowi i Michelle Craske, którzy przez wiele lat dzielili się ze mną swoją mądrością oraz zachęcali mnie i wspierali jako profesjonaliści.

Chcę również podziękować moim wydawcom z New Harbinger, Tesilyi Hanauer i Heather Mitchener, za ich ciężką pracę i pomocne wskazówki do wstępnych wersji rozdziałów. Dziękuję zwłaszcza Tesilyi za koncepcję tej książki oraz wymyślenie jej tytułu – publikacja ta nie powstałaby, gdyby nie jej pomysły. Jestem wdzięczna Michelle Craske i Najwie Chowdhury za doskonały wstęp, a Jasmine Star za wspaniałą redakcję.

Dziękuję mojemu mężowi, Chrisowi, za niezmienną miłość i wsparcie.

Na koniec chciałabym podziękować wszystkim zmartwieniom, jakie pojawiły się w moim osobistym i zawodowym życiu, towarzysząc moim zmaganiom i sukcesom. Nasza wiedza na temat niepokojów i lęków nie bedzie pełna, jeśli nie zrozumiemy ludzkich doświadczeń, które za nimi stoją. Same naukowe teorie i badania nie wystarczą.

WSTĘP

DLACZEGO KOBIETY MARTWIĄ SIĘ I NIEPOKOJĄ CZĘŚCIEJ NIŻ MĘŻCZYŹNI?

dr Michelle G. Craske
i Najwa Chowdhury
Wydział Psychologii,
University of California, Los Angeles

Czy wiesz, że ryzyko zaburzeń lękowych jest u kobiet dwukrotnie wyższe niż u mężczyzn? Powody tej różnicy nie są zupełnie jasne, dlatego na początku zajmiemy się przyczynami takich zaburzeń, zastanowimy się, dlaczego kobiety zmagają się z obawami częściej niż mężczyźni oraz w jaki sposób uwarunkowania genetyczne oraz przeszłe doświadczenia mogą w większym stopniu wywoływać lęki u kobiet.

CO POWODUJE ZABURZENIA LĘKOWE?

Zaburzenia lękowe oraz inne problemy emocjonalne, na przykład depresja, mają wspólne podłoże. Wszystkie tego typu stany łączy tendencja do odczuwania zagrożenia. Innymi słowy, niektóre osoby mają naturalne skłonności do doświadczania negatywnych uczuć, takich jak strach, lęk czy smutek. Tę cechę osobowości nazywamy n e u r o t y c z n o ś c i ą. Oczywiście sama tendencja nie musi prowadzić do problemów emocjonalnych. Ale wyobraźmy sobie, że osobę mającą takie skłonności spotyka seria doświadczeń, które uczą ją postrzegania jakiegoś aspektu siebie bądź otaczającego ją świata jako niebezpiecznego. Ktoś taki bardzo szybko zacznie odczuwać niepokój, traktować otoczenie jako groźne i reagować na różne sytuacje, wycofując się bądź zupełnie ich unikając. Im silniejsza jest początkowa neurotyczność danej osoby i im bardziej postrzega ona swoje otoczenie jako niebezpieczne, tym większe jest ryzyko pojawienia się stanów lękowych prowokowanych przez wiele okoliczności.

Lęk często wiąże się z n a d w r a ż l i w o ś c i ą [ang. *hypervigilance*], w wyniku której dana osoba przywiązuje zbyt wielką wagę do drobnych szczegółów, szukając źródeł zagrożenia. Kiedy umysł przejawia wzmożoną czujność, zmieniają się także fizjologiczne reakcje organizmu. Takie fizyczne zmiany skłaniają mózg do jeszcze pilniejszego poszukiwania zagrożeń. Człowiek ma coraz większą skłonność do postrzegania określonych wydarzeń oraz otoczenia jako niebezpiecznych i reaguje, unikając ich w jak największym stopniu. Teraz już wiesz, w jaki sposób czynniki te współdziałają, potęgując niepokój i nawzajem się napędzając.

Teraz zajmijmy się tym, dlaczego człowiek reaguje lękiem na określoną sytuację, przedmiot lub osobę. W grę wchodzą konkretne doświadczenia życiowe. Weźmy na przykład lęk przed psami. Ktoś może zacząć się ich bać po traumatycznym przeżyciu, gdy został zaatakowany przez psa. Może też być świadkiem czyjegoś przykrego spotkania z psem lub po prostu widzieć, jak inna osoba reaguje na niego ogromnym strachem. Lęk przed psami może się też zrodzić w wyniku nieustannego wysłuchiwania przestróg, że są one niebezpieczne, okropne i trzeba ich unikać. Którekolwiek z wymienionych wyżej doświadczeń może ukształtować w człowieku przekonanie, że coś lub jakaś sytuacja – na przykład obecność psa – stanowi realne zagrożenie. Co więcej, takie wydarzenia prawdopodobnie bardziej wpłyną na osobę skłonną do neurotyczności niż na kogoś, kto nie ma takiej tendencji.

Nie bez znaczenia są wcześniejsze przeżycia. Na przykład, jeśli ktoś zaatakowany przez psa ma za sobą mnóstwo pozytywnych doświadczeń w kontaktach z tymi zwierzętami, ryzyko, że zacznie się ich bać, jest mniejsze niż u osoby, która wcześniej rzadko miała do czynienia z psami. Liczą się też ogólne doświadczenia życiowe. Ludzie, których spotkało więcej pozytywnych wydarzeń i w których ukształtowało się silne poczucie, że panują nad swoim życiem, są mniej podatni na stany lękowe niż osoby, którym takiego przekonania brakuje. Wreszcie same zaburzenia lękowe mogą sprawić, że jesteśmy mniej odporni na dodatkowe stresy i niepokoje, zwłaszcza jeśli odczuwanemu lękowi towarzyszy poczucie nieprzewidywalności i niemożności zapanowania nad sytuacją.

KIEDY DOCHODZI DO ZABURZEŃ LĘKOWYCH?

Może zdziwi cię informacja, że w dzieciństwie dziewczynki wcale nie są bardziej lękliwe od chłopców. Większa skłonność do obaw rodzi się u nich w miarę zbliżania się okresu dojrzewania, gdy muszą sprostać problemom związanym z dorastaniem. W jednym z badań McGee ze swoim zespołem (1992) przez wiele lat obserwowali dużą grupę dziewcząt i chłopców, szukając symptomów poważnych zaburzeń lękowych zwanych zgeneralizowanymi zaburzeniami lękowymi. Pomiędzy jedenastoletnimi chłopcami i dziewczynkami nie stwierdzono żadnych różnic pod tym względem, ale gdy dzieci weszły w wiek dojrzewania płciowego, liczba dziewcząt, u których wystąpiły takie zaburzenia, była sześciokrotnie większa niż liczba chłopców. Co więcej, lękliwe małe dziewczynki są bardziej narażone na zaburzenia lękowe w okresie dojrzewania płciowego, a dziewczęta mające skłonności do niepokoju w czasie dorastania są bardziej podatne na zaburzenia lękowe, gdy osiągną dorosłość. Jak widzisz, okres dorastania i pierwsze lata dojrzałości są bardzo newralgicznym czasem, w którym kobiety są szczególnie narażone na pojawienie się zaburzeń lękowych. Takie ryzyko jest też wysokie u pań w wieku średnim, zwłaszcza między czterdziestym piątym a sześćdziesiątym czwartym rokiem życia (Offord i inni, 1996).

Choć istnieje wyraźna różnica w pojawianiu się zaburzeń lękowych u kobiet i mężczyzn, dokładna przyczyna tej rozbieżności pozostaje dla nas tajemnicą. Kobiety mają też większą niż mężczyźni skłonność do depresji, co częściowo wynika z tego, że częściej się niepokoją.

DLACZEGO KOBIETY SĄ BARDZIEJ NARAŻONE NA ZABURZENIA LĘKOWE?

Choć nie znamy wszystkich możliwych odpowiedzi na to pytanie, wiele różnic między mężczyznami i kobietami pomaga w wyjaśnieniu tego zjawiska. Są to różnice w wychowywaniu chłopców i dziewcząt, naturalna tendencja kobiet do bardziej intensywnego doświadczania niektórych emocji oraz biologicznie uwarunkowany, odmienny sposób reagowania obu płci na stres.

Wychowanie a role przypisywane płciom

Różne podejście do wychowywania chłopców i dziewczynek daje się zauważyć już w pierwszych miesiącach ich życia. Świeżo upieczone mamy lepiej rozumieją, jakie potrzeby sygnalizują im synowie, a słabiej odczytują sygnały córek. Być może jest tak dlatego, że niemowlęta płci męskiej okazują większe potrzeby emocjonalne. Bez względu na to, z czego wynikają różnice w stylach wychowania, nie ma wątpliwości co do tego, że wyczulenie na subtelne oznaki i sygnały wysyłane przez niemowlę jest bardzo ważne w rozwoju dziecka. Właśnie wtedy dzieci zaczynają się uczyć, w jakim zakresie są w stanie przewidzieć i kontrolować otaczający je świat oraz własne emocje. To poczucie przewidywalności i kontroli w dużym stopniu wpływa na umiejętność radzenia sobie z emocjonalnym pobudzeniem i na to, jak silnego doświadczamy niepokoju (Craske, 2003). Nikt jednak nie przeprowadził bezpośrednich badań zależności między stopniem wyczulenia rodziców na potrzeby niemowląt a skłonnością dziecka do zaburzeń lękowych.

Przez całe dzieciństwo nagradzamy chłopców i dziewczynki za odmienne zachowania. Rodzice i inne osoby z otoczenia częściej zachęcają chłopców do większej asertywności, aktywności i niezależności. Natomiast u dziewczynek utrwalane są zachowania świadczące o ostrożności i powściągliwości. Ponieważ cechy, takie jak nieśmiałość i wstydliwość, są w mniejszym stopniu akceptowane u chłopców niż u dziewczynek, lękliwego chłopca zachęca się, aby pokonywał swoje obawy. Tymczasem lękliwą dziewczynkę często nagradza się, choćby nieświadomie, za tę właśnie cechę.

Rodzice i inni dorośli czasami traktują chłopców i dziewczynki odmiennie, ponieważ uważają, że chłopcy umieją lepiej sobie radzić. W rezultacie są oni zachęcani do podejmowania wyzwań w najrozmaitszych sytuacjach, dzięki czemu rozwijają cechy osobowości, które potem ułatwiają osiągnięcie sukcesu, takie jak samodzielność, zaradność i wytrwałość. Ponadto dzięki temu chłopcy mają większą szansę zgromadzić pozytywne doświadczenia, które pomogą im stawić czoło późniejszym negatywnym przeżyciom. Dlatego często uważają się za silniejszych i bardziej dominujących oraz sądzą, że lepiej niż dziewczęta panują nad sytuacją (Ohannessian i inni, 1999). Ta różnica dotyczy także wieku dojrzewania oraz dorosłości.

Oprócz tego, że u dziewczynek społecznie utrwala się mniejszą asertywność i większą zależność, zarazem rozbudza się w nich towarzyskość i empatię. Kobiety, zwłaszcza te, które uważają się za bardzo kobiece, zwykle potrafią lepiej się wczuć w sytuację innych niż mężczyźni. Ten rodzaj społecznego „treningu" idzie w parze z większym wyczuleniem kobiet na wyraz twarzy innych osób. Prawdopodobnie zwiększa też ryzyko powstania u nich konkretnych lęków, gdy są świadkami czyjegoś strachu, ponieważ lepiej odczytują zagrożenie z miny otaczających je ludzi.

Skłonność do negatywnych uczuć

Niewykluczone, że u kobiet ryzyko zaburzeń lękowych i depresji jest większe, ponieważ są one bardziej neurotyczne, to znaczy mają większą skłonność do negatywnych emocji, takich jak strach, niepokój czy smutek. Badania przeprowadzone przez D. Arcus i J. Kagana (1995) wykazały, że już w wieku około dwóch lat dziewczynki mają więcej zahamowań i przejawiają większą neurotyczność niż chłopcy. Mniej więcej w tym samym czasie dzieci zaczynają się uczyć zachowań społecznych od osób z otoczenia. Różnica w poziomie neurotyczności u obu płci stale się pogłębia przez okres dzieciństwa i dorastania, przy czym u chłopców poziom ten nie ulega zmianie, natomiast u dziewczynek stopniowo rośnie. Ponieważ kobiety mają większą skłonność do negatywnych emocji, panuje opinia, że są bardziej wyczulone na zagrożenia, uczą się bać niektórych rzeczy i reagują bardziej emocjonalnie na nieprzyjemne zdarzenia.

Kobiety nie tylko przejawiają większą neurotyczność – co stwierdzono w wielu kulturach na całym świecie (Lynn i Martin, 1997) – ale w większym stopniu niż mężczyźni reagują na mimikę twarzy innych osób. Owa zwiększona wrażliwość częściowo tłumaczy, dlaczego uczą się obawiać różnych rzeczy częściej niż mężczyźni. Wystarczy, że zobaczą, jak ktoś reaguje na określoną sytuację strachem, a same też zaczynają się jej bać.

Badania dowodzą także, że kobiety przejmują się i zastanawiają nad różnymi problemami bardziej od mężczyzn. Czasami przemyślenie pewnych spraw pomaga nam coś zaplanować i dobrze się zastanowić nad ważnymi w życiu wyborami, ale zamartwianie się i przesadne roztrząsanie wszystkiego mogą utrudnić skuteczne rozwiązywanie problemów i doprowadzić do trwałego uczucia niepokoju. Przyczyną lęku jest niepewność co do ewentualnych przyszłych zagrożeń. Zbyt wielki lęk zwykle wynika z tego, że dana osoba dostrzega wiele potencjalnych problemów i katastrof na horyzoncie.

Kobiety mają większą niż mężczyźni tendencję do skupiania się na negatywnych aspektach własnej osoby. Takie nastawienie staje się przyczyną dodatkowych niepokojów i złego nastroju (Mor i Winquist, 2002). Z badań wynika też, że kobiety są bardziej nastawione na odbiór swojego wewnętrznego stanu emocjonalnego niż mężczyźni (Pennebaker, 2000). Oczywiście wsłuchiwanie się w swoje emocje może przynieść wiele korzyści, ponieważ pozwala odkryć to, co naprawdę jest dla nas najlepsze. Ale im bardziej intensywnie przeżywamy wewnętrzne emocje, które powodują nasz dyskomfort, tym bardziej się boimy. Dlatego większa samoświadomość kobiet może potęgować ich lęki i fobie.

Wprawdzie kobiety zwracają większą uwagę na swoje wewnętrzne doświadczenia, ale mniej trafnie umieją ocenić, co naprawdę dzieje się w ich wnętrzu. Próbując określić, co czują, w większej mierze niż mężczyźni polegają na tym, co zdarza się wokół nich (Pennebaker i Roberts, 1992). Ma to sens, ponieważ są bardziej wrażliwe na mimikę twarzy innych osób – a właśnie na tej podstawie ludzie najczęściej oceniają zewnętrzne niebezpieczeństwa oraz swój stan emocjonalny. Wrażliwość na uczucia innych ma swoje dobre strony: pozwala tworzyć serdeczne relacje z ludźmi i cieszyć się bliskością. Jednakże kiedy ktoś, próbując określić swoje uczucia, za bardzo polega na zewnętrznej sytuacji i reakcji innych, ogranicza własną zdolność dokładnego odczytania swoich wewnętrznych odczuć. Może to doprowadzić do wielu zaburzeń lękowych, którym często towarzyszy tendencja do pochopnego formułowania wniosków.

Skoro mężczyźni w większym stopniu polegają na wewnętrznych sygnałach i celniej je interpretują, oceniając stan własnych emocji, tym samym potrafią lepiej odróżnić, co jest, a co nie jest zagrożeniem. Kobietom trudniej dokonać takiego rozróżnienia, dlatego częściej reagują lękiem na różne sytuacje. Dokładniejszą ocenę utrudniają im czynniki, takie jak obawy, skupianie się na negatywnych aspektach siebie i zbytnie poleganie na zewnętrznych sygnałach w określaniu tego, co czują, przy jednoczesnym bardziej intensywnym doświadczaniu wewnętrznych emocji.

Prawdopodobieństwo wystąpienia traumatycznych wydarzeń w życiu kobiet wcale nie jest większe niż w przypadku mężczyzn. Właściwie doświadczają one nawet mniej dramatów, więc skumulowanie przeciwności losu nie tłumaczy większego ryzyka występowania u nich zaburzeń lękowych. Z drugiej jednak strony, kobiety bardziej przeżywają życiowe tragedie i kryzysy. Zwiększona emocjonalność może się przyczyniać do kolejnych trudności i silnych uczuciowych reakcji na przyszłe stresy, sprawiając, że z czasem kobiety stają się bardziej podatne na zaburzenia lękowe.

Taktyka „walcz lub uciekaj" a podejście „opiekuj się i szukaj sojuszników"

Badania reakcji fizjologicznych i zachowań pokazują, że u kobiet ogólna tendencja reagowania na określone sytuacje niepokojem jest większa niż u mężczyzn. Studia te są bardzo intrygujące, ponieważ pomagają wyjaśnić, jak odmiennie rozwijały się obie płcie w dziejach ludzkości. Ważne różnice zauważono podczas oceniania reakcji kobiet i mężczyzn na stres. I panie, i panowie w stresującej sytuacji mieli skłonność do reakcji „walcz lub uciekaj". W takich chwilach w organizmie zachodzi wiele zmian fizjologicznych. Serce zaczyna bić szybciej i wzrasta poziom adrenaliny. Taka reakcja organizmu ma nas przygotować albo do walki z zagrożeniem, albo do ucieczki z niebezpiecznej sytuacji. Wykształciliśmy tę zdolność w czasach, gdy ludzie żyli w bardzo odmiennym środowisku od tego, które dziś nas otacza. Dlatego tego typu postępowanie nie zawsze jest stosowną reakcją na współczesne stresy.

Różnica między kobietami i mężczyznami polega na tym, że u kobiet w momencie pojawienia się czynnika stresującego uaktywniają się pewne hormony. Ograniczają one lub zupełnie tłumią efekt reakcji „walcz lub uciekaj". Dlatego u kobiet fizjologiczna reakcja na silny stres jest mniej gwałtowna niż u mężczyzn. Jest to ważne z ewolucyjnego punktu widzenia, ponieważ służy ochronie potomstwa. Zamiast walczyć z zagrożeniem lub uciekać, kobieta w stresującej sytuacji skupia się na dzieciach i szuka sojuszników, którzy mogą zapewnić bezpieczeństwo jej grupie. Co ważne, naturalna reakcja skłaniająca kobietę w sytuacji stresowej do zajęcia się innymi i szukania sprzymierzeńców może potęgować tendencję do unikania tego, co postrzega ona jako zagrożenie, w rezultacie doprowadzając do eskalacji lęku i tym pilniejszego poszukiwania niebezpieczeństw. W przypadku mężczyzn, choć reakcja „walcz lub uciekaj" naraża ich na większe ryzyko, jednocześnie stwarza szansę skutecznego poradzenia sobie z nim oraz jest kolejną lekcją niezależności i asertywności.

WNIOSKI

Zwróciłyśmy uwagę na kilka przyczyn większej podatności kobiet na zaburzenia lękowe i fobie. Choć istnieją niepodważalne czynniki – biologiczne, społeczne i psychologiczne – które predysponują kobiety do bardziej lękowych reakcji, pamiętaj, że możesz pokonać strach i obawy, jeżeli są dla ciebie problemem. Proste, ale efektywne metody przedstawione w tej książce pomogły już wielu osobom, a ich skuteczności dowodzą badania naukowe. Życzymy sukcesów w korzystaniu z nich i w pokonaniu skłonności do obaw.

CZĘŚĆ I

ZAMARTWIANIE SIĘ I ZABURZENIA LĘKOWE

Rozdział 1

PODSTAWY

SHARON: CHORA ZE ZMARTWIENIA

Sharon stale się czymś martwiła. Przez większość dnia zaprzątały ją myśli o tym, co złego mogłoby się stać w pracy lub przytrafić dzieciom. Często była niespokojna i zdenerwowana. Nie umiała zwolnić tempa i się odprężyć. W końcu stan ciągłego napięcia wkradł się w każdą sferę jej życia: warczała na męża, dzieci i przyjaciół, nie potrafiła się skupić na pracy, a jej życie seksualne praktycznie przestało istnieć. Nieustanne zamartwianie się i stres zaczęły się odbijać także na jej zdrowiu. Bez przerwy towarzyszyło jej uczucie ściśnięcia w żołądku, bolały ją kark i ramiona, bo miała stale napięte mięśnie. Za każdym razem, gdy w biurze lub w szkole dzieci pojawiał się jakiś nowy wirus grypy, ona natychmiast go łapała. Cieszyła się, gdy udało jej się przespać w nocy chociaż cztery godziny. Przeważnie przewracała się z boku na bok godzinami, zanim w końcu zasnęła. Nie mogła usnąć, bo, jak na ironię, martwiła się tym, że nie śpi!

Wreszcie zaczęła się martwić tym, że tak bardzo się martwi. Zastanawiała się, do czego ją to doprowadzi. „Jak mam tak dalej żyć? – myślała. – A jeśli sama się wykańczam i przegapiam najlepsze lata mojego życia?" Wstydziła się swoich obaw, a jednocześnie czuła się bezradna. Nie wiedziała, co może zrobić. Miała wrażenie, jakby czarna chmura ciągnęła się za nią zawsze i wszędzie: „Co będzie, jeśli nie skończę tego projektu na czwartą? Nie będę mogła o czasie wyjść z pracy, żeby odebrać dzieci. Jestem taka zmęczona. Jak zdołam przebrnąć przez kolejny dzień, skoro oka nie zmrużyłam? A jeśli znowu zachoruję? Nie mogę sobie pozwolić na kolejne zwolnienie".

Jeśli historia Sharon wydaje ci się znajoma, nie jesteś sama. Mnóstwo kobiet zmaga się ze zmartwieniami i lękiem o to, dokąd zmierza ich życie. Wielu z nich udaje się to pokonać. Uczą się, jak nie pozwolić, aby niespokojne myśli i uczucia zawładnęły ich życiem i przejęły nad nim kontrolę. Być może kłopoty Sharon różnią się lub są bardziej skrajne od obaw, które trapią ciebie. A może lęk wpływa na twoje życie w zupełnie inny sposób. Jeśli tak, nie trać nadziei. Ta książka przeznaczona jest dla każdej kobiety, która martwi się bardziej niż – według swojej oceny – powinna, i nie jest ważne, o co się lęka ani jak się to objawia.

NA CZYM POLEGA MARTWIENIE SIĘ?

Choć wszyscy z własnego doświadczenia wiemy, na czym polega martwienie się, podanie definicji może się okazać trudne. Skąd wiesz, kiedy się martwisz, a kiedy po prostu o czymś myślisz? Większość osób uważa, że martwi się wtedy, gdy negatywnie lub pesymistycznie myśli o jakiejś przyszłej sytuacji bądź też wciąż na nowo rozpatruje coś, co już się wydarzyło. Martwiąc się, ludzie się zastanawiają: „Co będzie, jeśli stanie się coś złego lub jeśli już się stało i ja sobie z tym nie poradzę?" Gdy w kółko zadają sobie te same pytania, nie znajdując rozwiązania, ich niepokój rośnie. Dlatego właśnie martwienie się zwykle uważane jest za „myślowy" element lęku – czyli to, co przebiega ci przez głowę, kiedy się niepokoisz (przeważnie jakimś przyszłym wydarzeniem lub rezultatem).

Być może sięgnęłaś po tę książkę, ponieważ wydaje ci się, że za bardzo się martwisz lub nie potrafisz nad tym zapanować. Pamiętaj jednak, że większość ludzi od czasu do czasu się martwi. W istocie martwienie się jest możliwe, ponieważ potrafimy planować i wybiegać myślą w przyszłość. Bez tej podstawowej cechy nie umielibyśmy normalnie funkcjonować. Wyobraź sobie życie bez myślenia o przyszłości i snucia planów. Prawdopodobnie nie kupiłabyś produktów potrzebnych do przygotowania obiadu, nie miałabyś się w co ubrać, wychodząc do pracy, i zabrakłoby ci benzyny w długiej podróży.

Inną korzyścią płynącą z umiejętności wybiegania myślą naprzód jest przewidywanie i rozwiązywanie potencjalnych problemów. W tym przypadku myślenie o przyszłości prowadzi do działania, które daje nam konkretne rozwiązanie danej sytuacji. Na przykład wyobraź sobie, że pewnego ranka przychodzisz do pracy i szef mówi ci, że będziesz musiała pracować także w trakcie przerwy na lunch. Tymczasem ty już się umówiłaś z przyjaciółką. Świadomość, że musiałabyś się rozdwoić, żeby być w dwóch różnych miejscach, pozwala ci dostrzec problem, który wymaga rozwiązania. Kiedy już określisz naturę trudności, możesz zacząć obmyślać ewentualne rozwiązania, zastanowić się nad nimi, po czym wybrać najlepsze i według niego postąpić. Może postanowisz powiedzieć szefowi, że już wcześniej coś zaplanowałaś, albo przełożysz lunch z przyjaciółką. Innymi słowy, skutecznie rozwiążesz konkretny problem, ponieważ umiesz wybiec myślą kilka godzin naprzód i podjąć odpowiednie działania.

Z drugiej strony, gdy próbujemy rozwikłać problemy nieokreślone lub niemożliwe do rozwiązania bądź staramy się zapobiec wydarzeniu, do którego i tak najprawdopodobniej nie dojdzie, w nasze myśli szybko wkradają się zmartwienia. Kiedy nie masz konkretnego kłopotu albo gdy nie możesz znaleźć konkretnego rozwiązania, cały proces się rozpada. W takiej sytuacji wybieganie myślą naprzód tylko potęguje niepokój, zamiast ograniczać obawy poprzez umożliwienie znalezienia rozsądnego wyjścia. Właśnie takie myślenie uważamy za martwienie się.

Rozwiązywanie problemów	**Zamartwianie się**
Konkretny problem	Niekonkretny problem
Możliwe rozwiązania	Brak konkretnych rozwiązań
Problem rozwiązany po rozważeniu różnych możliwości	Kwestia pozostaje nierozstrzygnięta
Wybieganie myślą w przyszłość prowadzi do działania	Wybieganie myślą w przyszłość prowadzi do niepokoju

ĆWICZENIE ŚWIADOMOŚCI 1:
Zamartwianie się a rozwiązywanie problemów:

1. Pomyśl o konkretnym problemie, który można bez trudu rozwiązać. Przypuśćmy, że na zmianę odbieracie dzieci ze szkoły i właśnie wypada twoja kolej, ale akurat masz umówioną wizytę u lekarza. To właśnie jest konkretny problem, z którym można się uporać, podejmując odpowiednie działanie.
2. A teraz pomyśl o jakimś zmartwieniu. Najczęstsze przykłady to zastanawianie się, czy podjęliśmy słuszną decyzję, roztrząsanie jakiegoś niepowodzenia lub obawa, że kogoś rozczarujemy. Wszystkie są niekonkretne. Żadnego z tych dylematów nie da się rozstrzygnąć za pomocą określonych sposobów lub działań.
3. Aby odróżnić rozwiązywanie problemów od zamartwiania się, korzystaj z przedstawionych powyżej list. Przez następnych kilka dni skupiaj się na swoich myślach, próbując określić, kiedy się martwisz, a kiedy z powodzeniem radzisz sobie z kłopotami. Zwróć uwagę, jakie uczucie towarzyszy rozwiązywaniu konkretnych problemów, a co czujesz, gdy zaczynasz się martwić.
4. Jeśli stwierdzisz, że się martwisz, zastanów się, czy w danej chwili możesz przedsięwziąć jakieś konkretne kroki, aby zaradzić sytuacji, która cię niepokoi. W ten sposób przejdziesz w tryb rozwiązywania problemów, jeżeli się okaże, że rzeczywiście istnieje konkretny kłopot, z którym możesz się uporać.

CO ODRÓŻNIA ZAMARTWIANIE SIĘ OD LĘKU, STRACHU I PANIKI?

Martwienie się jest szczególnym rodzajem myślenia (opisanym wyżej), natomiast l ę k odnosi się do wszystkich uczuć i reakcji fizjologicznych, które towarzyszą zmartwieniom. Kiedy się martwisz, wybiegasz myślami w przyszłość, próbując przewidzieć ewentualne zagrożenia. Lęk jest reakcją twojego organizmu na antycypowane niebezpieczeństwa. Jednym z najczęstszych symptomów lęku, łączonym z ciągłym zamartwianiem się, jest napięcie mięśniowe. Ale gdy zbliżają się wydarzenia lub sytuacje, których się obawiamy, dochodzą kolejne objawy, takie jak przyspieszony rytm serca czy trudności z oddychaniem.

Strach jest silną podstawową emocją, którą odczuwamy, gdy umysł rejestruje bezpośrednie zagrożenie. Jest to uczucie wyjątkowo intensywnie doznawane na poziomie fizjologicznym, ponieważ ma na celu uchronienie nas przed krzywdą. Automatyczną reakcją w takich przypadkach jest *odruch „walcz lub uciekaj”*, ponieważ organizm przygotowuje się do ataku bądź do ucieczki przed niebezpieczeństwem. Na przykład serce bije wtedy szybciej i mocniej, aby zwiększyć dopływ krwi do mięśni. Dzięki temu otrzymują one więcej tlenu, którego ciało potrzebuje, by szybciej się poruszać. Aby tlenu nie zabrakło, oddech przyspiesza. Zwiększona potliwość pomaga ochładzać organizm podczas aktywności fizycznej, jaką jest walka lub ucieczka. W przeciwieństwie do zamartwiania się, w przypadku strachu udział myślenia jest niewielki. Organizm działa według prymitywnego biologicznego programu, który ma za zadanie ustrzec nas przed skrzywdzeniem.

U niektórych osób reakcja „walcz lub uciekaj” pojawia się także wtedy, gdy nic im bezpośrednio nie zagraża. W takiej sytuacji mówimy o *panice*. Czasem tacy ludzie doswiadczają obu skrajnych reakcji, to się zamartwiając, to znów wpadając w panikę. Część przedstawionych w tej książce strategii można stosować w przypadkach napadów paniki, ale przede wszystkim zostały one opracowane z myślą o osobach, które przesadnie się zamartwiają. Jeśli doświadczasz panicznych reakcji, w źródłach na końcu książki znajdziesz odpowiednią lekturę.

CO JEST PRZYCZYNĄ CIĄGŁEGO ZAMARTWIANIA SIĘ?

Co sprawia, że kobiety mają skłonność do zamartwiania się? Na to pytanie nie sposób udzielić prostej odpowiedzi, ponieważ wpływają na to różne czynniki. Ze wstępu dowiedziałaś się, dlaczego u kobiet zaburzenia lękowe występują częściej niż u mężczyzn. Czasami świadomość, dlaczego doświadczają pewnych problemów w stopniu większym niż mężczyźni, zniechęca kobiety. Popełniają błąd, myśląc, że to płeć jest winna ich kłopotom albo że przez nią nie zdołają pokonać trudności.

Mężczyźni mają tyle samo problemów co kobiety; po prostu zmagają się z innymi sprawami. Nie oznacza to bynajmniej, że się nie martwią ani nie cierpią na zaburzenia lękowe. Większość ludzi czasami się martwi, a niektórzy mężczyźni muszą stawiać czoło poważnym i bezustannym obawom.

Ludzie często pytają, czy zaburzenia lękowe lub obawy spowodowane są czynnikami biologicznymi – na przykład uwarunkowaniem genetycznym – czy też środowiskowymi, takimi jak doświadczenia z dzieciństwa. Prawdopodobnie słyszałaś o sporze, czy ważniejsze są g e n y czy w y c h o w a n i e. Rzecz w tym, że oba rodzaje czynników okazują się bardzo ważne. Co więcej, jedne w oderwaniu od drugich nie prowadzą do chronicznych obaw i zaburzeń lękowych. To właśnie sposób, w jaki wzajemnie na siebie wpływają i potęgują swe działanie, ostatecznie decyduje o skłonnościach danej osoby do obaw i zmartwień.

Zastanawiałaś się kiedyś, czy twoje zamartwianie się jest uwarunkowane genetycznie? Wiele badań sugeruje, że geny nie są tu bez znaczenia, ale skłonności do obaw nie dziedziczy się tak jak chorób o podłożu genetycznym. Na genetycznej mapie człowieka mogą się znaleźć jedynie bardzo ogólne tendencje do reagowania na różne sytuacje większym niepokojem. Skłonności do odczuwania lęku oraz innych emocji mogą, ale nie muszą prowadzić do zamartwiania się, zaburzeń lękowych lub depresji. Nawet jeśli ktoś odziedziczy taki genetyczny bagaż – na który, według powszechnych opinii, składa się wiele genów, a nie pojedynczy gen – osobiste doświadczenia i wpływ środowiska mogą zapobiec problemom z negatywnymi emocjami i związanymi z nimi trudnościami natury psychologicznej. Poza tym taka cecha genetyczna jest bardzo ogólna, dlatego odziedziczenie pewnej tendencji emocjonalnej może się przyczynić do konkretnego zaburzenia lękowego u jednej osoby, zupełnie odmiennych symptomów innego zaburzenia lękowego u drugiej i depresji u trzeciej.

Geny nie są jedynym uwarunkowaniem osobowości człowieka lub t e m p e r a m e n t u, który sprawia, że dana osoba jest bardziej skłonna do obaw i zaburzeń lękowych. Wpływy środowiska także mogą mieć duże znaczenie. Może przypominasz sobie jakieś doświadczenia z dzieciństwa, kiedy świat wydawał ci się nieprzewidywalny i trudny? Właśnie tego typu doświadczenia najczęściej łączy się z tendencją do ciągłego zamartwiania się. Jeśli jest ich zbyt wiele, ludzie uczą się postrzegać świat jako niebezpieczny. Mogą też zacząć uważać, że sami nie potrafią kontrolować swojego otoczenia i słabo sobie radzą w trudnych sytuacjach. Tego typu nastawienie rodzi się pod wpływem traumatycznych przeżyć, takich jak powtarzające się molestowanie w dzieciństwie. Ale nawet mniej dramatyczne doświadczenia mogą się okazać bardzo istotne, na przykład konieczność opiekowania się w dzieciństwie przygnębionym lub chorym rodzicem; kontakt z rodzicem, nauczycielem bądź innym opiekunem, który wymierza kary wbrew logice lub jest zbyt krytyczny; albo bycie ofiarą zastraszania lub docinek w szkole bez możliwości przerwania tej sytuacji.

Wpływ na nas ma także nadopiekuńczość rodziców lub towarzystwo osób, które w różnych sytuacjach reagują lękiem. Zamartwianie się i zaburzenia lękowe powtarzają się w kolejnych pokoleniach rodzin nie tylko ze względu na predyspozycje genetyczne, ale także z powodu pewnych wzorców postępowania, jakich uczy się dziecko. Wiele doświadczeń tego rodzaju może wzbudzić w tobie poczucie, że świat jest niebezpieczny, a przyszłość niesie wiele zagrożeń, którym nie będziesz w stanie podołać.

ĆWICZENIE ŚWIADOMOŚCI 2:
Zastanów się nad własnymi doświadczeniami

Wróć myślami do tego, czego doświadczyłaś w życiu:

1. Spróbuj określić, jakie doświadczenia z dzieciństwa i wieku dorosłego mogły spotęgować twoje skłonności do zmartwień. Szukaj takich, które wywoływały w tobie poczucie, że życie jest nieprzewidywalne, że tkwisz w czymś po uszy albo że nie możesz kontrolować tego, co się wokół ciebie dzieje.
2. Zadaj sobie następujące pytania:
   - Jak przeszłe doświadczenia wpływają na sposób, w jaki teraz postrzegam siebie, innych ludzi oraz świat?
   - Z jakimi oczekiwaniami wchodzę w bieżące sytuacje i relacje z ludźmi, bazując na swoich dawnych przeżyciach?
   - Jak moje skłonności do obaw i innych negatywnych emocji wpływają na sposób, w jaki odbieram swoje obecne otoczenie?
   - W jakim stopniu tendencja do postrzegania przyszłości jako pełnej zagrożeń oraz zakładanie, że nie dam sobie rady, determinuje moje zachowanie w określonych sytuacjach?

KOBIETY I ZMARTWIENIA

O co zwykle martwią się kobiety? Tak naprawdę nie wiadomo, czy ich zmartwienia różnią się od trosk mężczyzn. Wszyscy najczęściej niepokoimy się o swoje rodziny i związki. Przejmujemy się też pracą lub szkołą, finansami oraz zdrowiem i bezpieczeństwem. Osobom mającym skłonności do obaw spokoju nie dają też drobne sprawy. Zwyczajne niedogodności, takie jak naprawa samochodu, a także małe trudności, na przykład kłopot z punktualnym dotarciem na spotkanie, potrafią uruchomić u nich mechanizm zamartwiania się. U ludzi, którzy ciągle czymś się zadręczają, lęk przed porażką, poczuciem niższości czy brakiem kompetencji pojawia się znacznie częściej niż u tych, którzy nie przejmują się za bardzo.

Kobiety zwykle zmagają się ze zmartwieniami w większym stopniu niż mężczyźni. W ankietach oceniających obawy i lęki często osiągają wyższe wyniki od mężczyzn (Meyer i inni, 1990). Psychologowie badający z g e n e r a l i z o w a n e z a b u r z e n i a l ę k o w e, objawiające się jako silny i niemożliwy do opanowania niepokój, któremu towarzyszą też inne symptomy chronicznego lęku, stwierdzili, że ponad 5 procent Amerykanów doświadcza zaburzeń lękowych na pewnym etapie życia (Wittchen i inni, 1994). Ustalili też, że u kobiet prawdopodobieństwo tego jest dwukrotnie wyższe niż u mężczyzn. Organizacja Anxiety Disorders Association of America (2003) szacuje, że cztery miliony dorosłych Amerykanów cierpią na zgeneralizowane zaburzenia lękowe. Oznacza to, że w samych Stanach Zjednoczonych 2 miliony 600 tysięcy kobiet zmaga się z obawami w ich najtrudniejszej postaci.

Wiele innych też stale się czymś zadręcza, choć nie stwierdzono u nich zgeneralizowanych zaburzeń lękowych. Wyniki ważnych badań przeprowadzonych na Pennsylvania State University pozwoliły stwierdzić, że u 28 procent studentek poziom lęku był nadmierny i niemożliwy do opanowania, choć tylko 6 procent z nich miało symptomy pozwalające zdiagnozować zgeneralizowane zaburzenia lękowe (Ruscio 2002). Ciągłe zamartwianie się może osłabić układ odpornościowy i czasem łączone jest z fizycznymi dolegliwościami, takimi jak dysfunkcje żołądkowo-jelitowe. Być może dlatego osoby cierpiące na zaburzenia lękowe częściej odwiedzają lekarzy niż ludzie wolni od niepokoju i przygnębienia.

Ciągłe zamartwianie się często prowadzi do takich dolegliwości, jak napięcie mięśniowe, bóle głowy spowodowane stresem oraz kłopoty z zasypianiem i snem. Gdy przez większość czasu czymś się dręczymy, stajemy się drażliwi i mamy trudności z koncentracją. Niepokój odwraca naszą uwagę od spraw bieżących. Skupienie się na wykonywanym właśnie zadaniu może w takiej sytuacji okazać się bardzo trudne, co niekorzystnie wpływa na naszą wydajność i skuteczność. Co ważniejsze, jeśli zmartwienia rozpraszają cię wtedy, gdy jesteś z przyjaciółmi i ukochanymi osobami, nie możesz w pełni cieszyć się tymi chwilami. Nic więc dziwnego, że cierpi na tym jakość bliskich relacji z innymi. To tylko niektóre ze sposobów, w jakie zamartwianie się może obniżyć ogólną jakość życia i przeszkodzić ci w przyjemnościach, radości oraz osiągnięciu poczucia spokoju i zadowolenia.

ĆWICZENIE ŚWIADOMOŚCI 3: Skutki zamartwiania się

Jaki wpływ na twoje życie mają ciągłe obawy?

1. Zastanów się, jak zamartwianie się wpływa na jakość twoich związków z innymi oraz na wykonywaną pracę.
2. Czy obawy mają wpływ na twoje samopoczucie? Może czujesz się podenerwowana, nie możesz spać lub jesteś przybita?

Czytając kolejny podrozdział, pamiętaj swoje odpowiedzi na te pytania.

CZY PROBLEM ZAMARTWIANIA SIĘ DOTYCZY TAKŻE CIEBIE?

Tylko ty sama możesz określić, czy ciągłe zamartwianie się jest także twoim problemem. Może czytając ten rozdział, stwierdzasz, że wiele podanych w nim informacji możesz odnieść do siebie. Czy emocjonalna intensywność twoich obaw często jest nieproporcjonalna do kłopotu, z jakim musisz się zmierzyć? Jeśli uczciwie przyjrzysz się sobie i dojdziesz do wniosku, że lepiej by było, gdybyś się mniej martwiła, książka ta może ci pomóc.

Zadaj sobie następujące pytania:

- Czy przejmuję się drobiazgami, takimi jak spóźnienia, prace domowe, niewielkie naprawy w domu lub samochodzie?
- Czy w moich zmartwieniach pojawia się obawa przed porażką, własną nieudolnością lub poczuciem niższości?
- Kiedy się zamartwiam, jakie symptomy lęku odczuwam: dolegliwości żołądkowe, napięcie mięśni, rozdrażnienie albo kłopoty ze snem?
- Czy lęki sprawiają, że odkładam wiele spraw na później?
- Czy przeszkadzają mi w koncentracji wtedy, gdy muszę się skupić na wykonywanym zadaniu?
- Czy sprawiają, że nie jestem sobą w kontaktach z innymi?

Jeśli odpowiedziałaś twierdząco na którekolwiek z tych pytań, być może należysz do osób, które stale się o coś lękają.

Możesz skorzystać ze specjalnie opracowanych ankiet, aby ocenić, czy nie martwisz się za bardzo. Poniżej znajdziesz niektóre punkty z ankiety Penn State, popularnej sondy stosowanej w badaniach psychologicznych dotyczących zaburzeń lękowych*. Po przeczytaniu każdego zdania zastanów się, czy jest prawdziwe w odniesieniu do ciebie:

- Moje zmartwienia mnie przerastają.
- Wiele sytuacji wywołuje we mnie lęk.
- Wiem, że nie należy się przejmować różnymi sprawami, ale nic na to nie mogę poradzić.
- Kiedy jestem pod presją, bardzo się martwię.
- Stale czymś się gryzę.
- Zauważam, że dręczą mnie różne sprawy.
- Kiedy już zacznę się martwić, nie mogę przestać.
- Przez cały czas czymś się zamartwiam.

Jeśli większość tych twierdzeń jest w twoim przypadku prawdziwa, być może należysz do osób, które ciągle się zamartwiają. Może tak być, nawet gdy tylko jedno lub dwa z powyższych zdań są w twoim przy-

---

* Przedrukowane z „Behaviour Research and Therapy", nr 28, Meyer i inni, Development and validation of the Penn State Worry Questionnaire, ss. 487–495, copywright 1990, za zgodą Elsevier.

padku zgodne z prawdą. Jeżeli jednak wciąż nie jesteś pewna, czy ten problem dotyczy ciebie – czytaj dalej. Wypróbuj strategie działania przedstawione w części 2 i przekonaj się, czy poprawią jakość twojego życia.

JAK KORZYSTAĆ Z TEJ KSIĄŻKI

Mam dla ciebie dobrą nowinę: od zmartwień i lęków można się uwolnić. Bez względu na to, dlaczego utrwaliły się u ciebie takie właśnie schematy postępowania, możesz je zmienić, ćwicząc nowe reakcje. Następny rozdział pomoże ci dostrzec nawyki, które stymulują twoje obawy. Dzięki praktycznym ćwiczeniom z części 2 nauczysz się konkretnych umiejętności. Kiedy już je sobie przyswoisz, część 3 pokaże ci, jak zastosować je w określonych sferach życia. Zanim przystąpisz do ćwiczeń, możesz najpierw przeczytać książkę do końca. Niewykluczone, że dzięki temu będzie ci na początku trochę łatwiej. Niektóre strategie okażą się w twoim przypadku bardziej, a inne mniej skuteczne. Zamiast zgadywać, jakie będą dla ciebie najlepsze, jak najsumienniej wypróbuj każdą z nich i dopiero potem wybierz te, które najlepiej zdały egzamin.

Tak jak przy samodzielnym ćwiczeniu jakichkolwiek umiejętności, także tutaj konieczne jest zaangażowanie i wytrwałość. Duże znaczenie ma też twoje nastawienie. Jeśli podejdziesz do programu, z góry zakładając, że ci nie pomoże, prawdopodobnie tak właśnie się stanie. Osoby, które tak rozumują, napotykając pierwsze trudności, traktują je jako dowód na to, że słusznie wątpiły w skuteczność całego programu. Nie zdają sobie sprawy z tego, że takie umiejętności wymagają długiego treningu. Problemem może się okazać także przeciwna postawa, bo wiara, że nowe umiejętności w magiczny sposób uleczą nas ze wszystkich obaw oraz wyeliminują dyskomfort i emocjonalne cierpienie, szybko zmieni się w rozczarowanie. Zamiast popadać w skrajności, spróbuj podejść do ćwiczeń z otwartym umysłem i ciekawością oraz nadzieją na lepsze poznanie samej siebie. Nie możesz mieć absolutnej pewności, że te umiejętności ci pomogą, ale możesz dać z siebie wszystko i przekonać się, dokąd cię to zaprowadzi.

Żaden poradnik nie zastąpi odpowiedniej psychoterapii lub konsultacji z psychologiem. Jeżeli podejrzewasz, że twoje problemy są poważne albo potrzebujesz wsparcia w realizacji strategii opisanych w tej książce, poszukaj pomocy u specjalisty. Jeśli już uczestniczysz w terapii lub spotykasz się z psychologiem, potraktuj tę książkę jako źródło informacji, którymi możesz podzielić się z terapeutą. Podczas sesji omówcie twoje doświadczenia wynikające z ćwiczeń i poproś o pomoc w zrozumieniu materiału oraz tego, jak przekłada się on na twoją konkretną sytuację. Pamiętaj, szukanie pomocy nie świadczy o słabości. Przeciwnie, jest dowodem ogromnej odwagi i siły. Każde działanie, jakie podejmujesz, aby poprawić jakość swego życia, świadczy o tym, że naprawdę zależy ci na sobie oraz na bliskich ci osobach.

Rozdział 2

ROZUMIENIE WŁASNYCH OBAW I LĘKÓW

CZY LĘK ZAWSZE JEST ZŁY?

Zamartwianie się jest zjawiskiem dość powszechnym, o czym była mowa w rozdziale 1. Każdemu zdarza się martwić, gdy znajduje się w obliczu poważnych trudności i nie jest pewien, jak je rozwiązać. Staje się to problemem dopiero wtedy, gdy zmartwienia towarzyszą nam stale lub zwiększają stres, zamiast pomagać w znajdowaniu rozwiązań. A jak to wygląda w przypadku lęku – uczucia, które się pojawia, gdy dostrzegamy potencjalne zagrożenie? Czy lęk zawsze jest negatywny?

Może zabrzmi to dziwnie, ale odpowiednia dawka lęku we właściwym czasie jest bardzo pożyteczna. Przed publicznym wystąpieniem odrobina tremy rozjaśnia myśli i sprawia, że zachowujesz czujność. Pomyśl, jak dziwna byłaby ważna rozmowa w sprawie pracy lub pierwsza randka bez najmniejszej choćby ekscytacji czy emocjonalnego pobudzenia! Spróbuj przypomnieć sobie jakąś sytuację z własnego życia, kiedy właściwa dawka lęku okazała się naprawdę pomocna. Uczucie to przeszkadza tylko wtedy, gdy towarzyszy ci za często. Niespokojne myśli i emocje zmniejszają zdolność koncentracji i ograniczają twoją pewność siebie. Właśnie te uboczne skutki utrudniają ci zaprezentowanie pełni twoich możliwości.

Musisz jednak zrozumieć, że sam lęk nie szkodzi. Jest naturalną reakcją na sytuację, w której twój umysł przewiduje jakieś zagrożenie. Jego zadaniem jest postawienie cię w stan pogotowia, dlatego za każdym razem, gdy czujesz niepokój, zakładasz, że coś jest nie tak. Wprawdzie czasami naprawdę zdarza ci się znaleźć w groźnej sytuacji, ale często twój umysł omyłkowo rejestruje coś jako niebezpieczeństwo, które tak naprawdę jest mało prawdopodobne albo wcale nie jest niebezpieczeństwem. W takich przypadkach interpretujesz lęk jako ostrzeżenie przed rzeczywistym zagrożeniem, podczas gdy istnieje ono tylko w twojej wyobraźni.

CO SKŁADA SIĘ NA LĘK?

Skąd wiesz, kiedy odczuwasz lęk? Może ogarnia cię niejasne przeczucie zbliżającego się nieszczęścia albo nie potrafisz się pozbyć uczucia dyskomfortu. Tak naprawdę lęk składa się z wielu elementów, które w sumie dają emocje, jakich doświadczasz. Dlatego pierwszym krokiem do zrozumienia własnego lęku jest rozbicie go na poszczególne czynniki. To pozwoli ci uważnie się przyjrzeć każdemu z nich. W chwili, gdy dopadają cię zmartwienia, w twoim umyśle i organizmie dochodzi do kaskady reakcji, które napędzają się nawzajem, często automatycznie i bez udziału twojej świadomości. Cztery główne elementy lęku to myśli, subiektywne odczucia, fizyczne doznania oraz zachowanie.

Myśli

Twoje myśli są wewnętrznym monologiem. Czasami obawy mają związek z wizjami, jakie pojawiają się w twojej wyobraźni, zazwyczaj jednak wynikają z myślenia werbalnego, czyli z myśli ujmowanych w słowa. W głowie każdego z nas toczy się taki monolog lub rozbrzmiewa komentarz, choć często nie zdajemy sobie z tego sprawy. Nawet kiedy myślenie zachodzi automatycznie i poza świadomością, może oddziaływać na twoje uczucia. Pod jego wpływem możesz odczuwać szczęście, dumę, przygnębienie, niepokój i inne emocje. Kiedy uświadamiasz sobie, co dokładnie do siebie mówisz, stwarzasz dystans potrzebny do oceny niespokojnych myśli z odpowiedniej perspektywy.

Kiedy się martwisz, przeważnie zadajesz sobie pytania o przyszłość, na przykład o to, co może się stać lub co zrobisz, gdy do czegoś dojdzie. Zmartwienia mogą dotyczyć oczekiwań związanych z własną osobą i z tym, co cię czeka. Możesz się bać, że nie poradzisz sobie z jakimś zdarzeniem lub sytuacją. Obawy mogą też wynikać z interpretacji minionych wydarzeń. Tak jest na przykład wtedy, gdy myślisz, że przyjaciółka jest na ciebie zła, bo do ciebie nie oddzwoniła. Zmartwienia są klasycznym przykładem negatywnego myślenia. Zaburzenia lękowe często zaczynają się właśnie od nich, choć mogą też pojawić się pod wpływem niepokojących uczuć, wrażeń odbieranych przez nasz organizm oraz zachowań. Możesz na przykład zauważyć, że twoje serce bije szybko, i uznać to za znak, że dzieje się coś złego.

ĆWICZENIE ŚWIADOMOŚCI 4:
Zwracaj uwagę na swoje myśli

Przez następnych kilka dni wsłuchuj się w swój wewnętrzny monolog. Zacznij zauważać różne rodzaje myśli oraz okoliczności, które je wywołują.

1. Jakie myśli kłębią ci się w głowie, gdy jesteś zaniepokojona? Choć w takiej sytuacji prawdopodobnie i tak jesteś boleśnie świadoma swoich obaw, spróbuj uważnie je przeanalizować i dokładnie określić, co myślisz, kiedy się zamartwiasz.
2. Jak te myśli wpływają na inne elementy lęku, czyli na twoje uczucia, reakcje twojego organizmu oraz zachowania?
3. Porównaj, co myślisz, kiedy się martwisz, a co w innych sytuacjach, na przykład wtedy, gdy jesteś spokojna, szczęśliwa lub zła.

Subiektywne uczucia

Twoje uczucia są bardzo subiektywne. Stanowią odzwierciedlenie tego, jak sama odbierasz własne myśli, doznania fizyczne i postępowanie. Niespokojne myśli i fizyczne oznaki niepokoju mogą wywołać uczucie dyskomfortu lub wrażenie, że zbliża się jakieś nieszczęście. Możesz też być rozdrażniona lub zdenerwowana. Niepokój bez wątpienia rodzi się pod wpływem niespokojnych myśli, ale w sytuacji, gdy już jesteś czymś zaniepokojona, masz większą skłonność do powielania negatywnych schematów myślenia niż wtedy, gdy jesteś spokojna i odprężona.

Doznania fizyczne

Niepokój odczuwamy w całym ciele. To reakcje fizjologiczne. U niektórych osób są one bardzo intensywne, podczas gdy inne ledwie je zauważają. Część fizycznych odczuć związanych z lękiem możemy świadomie kontrolować, nawet jeśli pojawiają się automatycznie. Należą do nich napinanie mięśni, na przykład zaciskanie zębów czy pięści lub marszczenie czoła. Podobnie jest w przypadku przyspieszonego i płytkiego oddechu. To najczęstsze fizyczne reakcje towarzyszące obawom.

Są też takie, nad którymi bezpośrednio nie panujemy: przyspieszone i mocniejsze bicie serca, dolegliwości żołądkowe, drżenie, pocenie się, czerwienienie oraz podwyższona temperatura ciała. Tego typu symptomy pojawiają się w miarę zbliżania się wydarzenia powodującego stres – na przykład przed wygłoszeniem przemówienia – ale mogą też powstawać pod wpływem intensywnego lęku, tak jak wtedy, gdy wyobrażasz sobie, że wydarzenie, którego się obawiasz, jest coraz bliżej.

ĆWICZENIE ŚWIADOMOŚCI 5: Zwracaj uwagę na niepokój i towarzyszące mu reakcje fizjologiczne

Określ uczucia i reakcje fizjologiczne, jakich doświadczasz, gdy się martwisz lub odczuwasz lęk:

1. Jakie fizyczne reakcje dostrzegasz u siebie, gdy się martwisz?
2. Czy za każdym razem czujesz to samo, czy też zależy to od sytuacji?
3. Czy twoje odczucia psychiczne i fizyczne zmieniają się lub narastają, gdy lęk nie mija?
4. Zwróć uwagę na to, kiedy twoje mięśnie się napinają. Jakich partii mięśni najczęściej to dotyczy?
5. Jak zmienia się twój oddech w sytuacjach, gdy jesteś spokojna i odprężona, oraz wtedy, gdy odczuwasz lęk?
6. Kiedy takie reakcje, jak przyspieszony rytm serca lub czerwienienie się, są najbardziej intensywne?

Zachowania

Wszystko, co robisz – lub czego nie robisz – pod wpływem zmartwień, składa się na twoje zachowanie podyktowane lękiem. Najczęściej w tego typu sytuacjach stosujemy uniki lub się wycofujemy. Niepokój podpowiada ci, że może się stać coś niepożądanego lub niebezpiecznego. Naturalnym zachowaniem jest wówczas ucieczka przed zagrożeniem lub wycofanie się z trudnych okoliczności oraz unikanie podobnych sytuacji w przyszłości.

Osoby, które ciągle się zamartwiają, mają trudności z określeniem, jakich dokładnie sytuacji unikają. Dzieje się tak dlatego, że reagują lękiem na wiele różnych okoliczności i miejsc. Jeśli tak jest w twoim przypadku, być może uciekasz przed wszelkiego rodzaju imprezami towarzyskimi lub konfrontacją z innymi, boisz się komukolwiek odmówić i asertywnie przedstawić swój punkt widzenia oraz wolisz nie mówić tego, co myślisz, ani nie patrzeć ludziom w oczy. Pewnie omijasz także miejsca, które mają związek z twoimi obawami: na przykład nie jeździsz jakąś ulicą, bo obawiasz się wypadków. Do innych zachowań sprowokowanych lękiem należy odmowa przyjęcia awansu lub wykonania jakiegoś projektu, a nawet rezygnacja z ubiegania się o wymarzoną pracę z obawy przed porażką.

Najbardziej wyraźną formą zachowań podyktowanych lękiem jest jawne unikanie określonych miejsc i sytuacji. Istnieją też bardziej dyskretne uniki. Najczęściej polegają na szukaniu u innych potwierdzenia obaw, ciągłym sprawdzaniu, czy wszystko jest w porządku, oraz odwracaniu uwagi od problemów, które cię martwią, zamiast przemyśleniu ich do końca. Osoby, które stale się zamartwiają, potrafią zmieniać kanały telewizyjne za każdym razem, gdy zaczynają się wiadomości, żeby nie słuchać o tragicznych wydarzeniach.

Czy jesteś perfekcjonistką? Jeśli tak, prawdopodobnie sprawdzasz wszystko dwu- lub trzykrotnie, nawet kiedy chodzi o coś nieistotnego i gdy nie musisz być tak dokładna. Ludzie, którym spóźnianie się spędza sen z powiek, potrafią wyjść na spotkanie o wiele za wcześnie, a ci, którzy przejmują się efektywnością swoich działań zawodowych, często podejmują się tylu zadań, że nie są w stanie im podołać. Żona obawiająca się o bezpieczeństwo męża potrafi dzwonić do niego co chwilę przez cały dzień. Zachowania takie jak to ostatnie są przykre i irytujące. Sprawiają, że odstręczamy ukochane osoby, choć wcale nie mamy takiego zamiaru. Uważa się je za uniki, bo choć pozornie dają nam poczucie bezpieczeństwa, tak naprawdę powstrzymują nas przed stawieniem czoła naszym obawom.

Lęk może cię zupełnie sparaliżować i uniemożliwić działanie. Takie zachowanie przypomina reakcję jelenia, który zamiera w bezruchu w świetle samochodowych reflektorów. Ty jednak nic nie robisz, ponieważ zagrożenie jest zbyt niejasne lub odległe w czasie. Może unikasz działania z obawy, że rezultat okaże się kiepski lub nie odniesie zamierzonego skutku. Kobiety, które często się martwią, mają zwyczaj wszystko odwlekać. Tymczasem odłożenie czegoś na później sprawia, że zadanie to wywołuje w nas jeszcze większy lęk. Zamiast pozytywnej energii, którą daje nam wykonanie czegoś, co sobie zamierzyliśmy, czujemy, jak nasza pewność siebie topnieje.

Wszystkie zachowania podyktowane obawami mają jedną wspólną cechę: decydujesz się na nie wtedy, kiedy coś cię przytłacza i pragniesz chwilowej ulgi. Ma to jednak bardzo wysoką cenę. Unikanie wzmacnia twoje obawy, przez co jeszcze bardziej wierzysz w ich słuszność i w przeczucia, że jakaś sytuacja wiąże się z rzeczywistym zagrożeniem, z którym nie zdołasz sobie poradzić. Tylko potęgujesz swój lęk, zamiast się przekonać, że możesz stawić czoło przedmiotowi swoich obaw. Poza tym tracisz szansę przekonania się, co by było, gdybyś spróbowała swoich sił w danej sytuacji, a zatem pozbawiasz się możliwości sprawdzenia, jak sprawy mogłyby się potoczyć i jak dałabyś sobie radę. Właśnie dlatego unikanie może doprowadzić do jeszcze większej bezsilności i poczucia braku kontroli.

ĆWICZENIE ŚWIADOMOŚCI 6:
Zwracaj uwagę na zachowania podyktowane lękiem

Wróć myślami do chwil, kiedy się martwiłaś i byłaś niespokojna.

1. Jakich sytuacji starasz się unikać, bo się ich obawiasz?
2. Jeśli nie mogłaś uniknąć jakiejś sytuacji, czy i tak rezygnowałaś z pewnych działań? Na przykład kobieta, która obawia się, że głupio wypadnie na przyjęciu, wprawdzie na nie pójdzie, ale będzie unikała inicjowania kontaktów.
3. Czy w bliskich lub intymnych związkach zdarza ci się unikać mówienia, co naprawdę czujesz, wyrażania swoich potrzeb lub szczerych rozmów w sytuacjach, kiedy czymś się martwisz?
4. Prócz całkowitego unikania pewnych sytuacji i działań, do jakich mniej oczywistych uników się uciekasz, gdy coś cię niepokoi?
   - Aby poczuć się lepiej, szukasz potwierdzenia swoich obaw u innych?

- Wielokrotnie coś sprawdzasz?
- Dzwonisz często do ukochanych osób, aby się upewnić, że są bezpieczne?

SPIRALA ZMARTWIEŃ: REAKCJA ŁAŃCUCHOWA

Cztery składowe elementy lęku – myśli, uczucia, doznania fizyczne oraz zachowania – nie istnieją w oderwaniu od siebie. Każdy jest bezpośrednią reakcją na to, co działo się wcześniej. Często wydaje się nam, że lęk dopada nas nagle i niespodziewanie. Zauważamy go dopiero wtedy, gdy osiąga bardzo wysoki poziom. Tymczasem jest on procesem, na który składa się seria myśli, uczuć, doznań i zachowań. Każdy element jest bezpośrednią i automatyczną reakcją na poprzedni, co sprawia, że niepokój szybko rośnie. Innymi słowy, lęk jest wynikiem interakcji między myślami, uczuciami, doznaniami i zachowaniami, przy czym każdy z elementów może wprawić całą machinę w ruch.

Zdarzyło ci się kiedyś nagle poczuć lęk i nie rozumieć, skąd się wziął? Tak właśnie czuła się Julia, dwudziestoośmioletnia asystentka w dużej kancelarii prawniczej w Nowym Jorku. Jej spirala zmartwień często zaczynała się od myśli o zbliżającym się zebraniu w pracy (myśl). Następnie zauważała, że pocą się jej ręce, oddech staje się szybszy, a mięśnie napięte (doznania fizyczne). Zaraz potem zaczynała odczuwać niepokój i niepewność (subiektywne uczucia). Pod ich wpływem wmawiała sobie, że coś jest nie tak, i zamartwiała się, wyobrażając sobie wszelkie negatywne rezultaty zebrania (znowu myśli). Zdarzało jej się zupełnie opuszczać posiedzenia (zachowanie), aby przez resztę dnia martwić się tym, że za bardzo się przejmuje (kolejne myśli).

Taki proces lękowy może się rozpocząć od któregokolwiek z czterech elementów, ale u osób, które mają skłonności do zmartwień, najczęściej zaczyna się od niespokojnych myśli. O obawach może nam przypomnieć coś w naszym najbliższym otoczeniu. Mogą też się pojawić niczym nie sprowokowane. Tak czy inaczej, w chwili, gdy zaczynasz się martwić, wprawiasz w ruch błędne koło, w którym każda reakcja prowadzi do kolejnej. Jedna prosta myśl szybko przechodzi w cyklon niespokojnych uczuć, doznań fizycznych i zachowań, i tak w kółko. Takie spirale zmartwień powstają bardzo szybko, zanim uświadomisz sobie, co się dzieje. Nie zauważasz poszczególnych etapów, jesteś świadoma jedynie pojawiającego się ogólnego uczucia dyskomfortu. Dzieje się tak dlatego, że takie sekwencje reakcji stały się automatyczne, podobnie jak następujące po sobie manewry podczas prowadzenia samochodu. Twoje spirale zmartwień pojawiały się tak często, że wreszcie zaczęły się tworzyć bez udziału twojej świadomości. Za każdym razem, gdy kolejna spirala się nakręca, twoja pamięć rejestruje sekwencje myśli, uczuć, doznań i zachowań, zmieniając je w coraz bardziej nawykowe.

DOSTRZEGAJ WŁASNE SPIRALE ZMARTWIEŃ

Poprzednie ćwiczenie pomogło ci określić, jakie są poszczególne elementy twoich spirali zmartwień, ale być może masz trudności ze zrozumieniem, w jaki sposób wzajemnie na siebie oddziałują, gdy odczuwasz lęk. Kolejnym krokiem pozwalającym zrozumieć własne lęki i obawy jest odkrycie schematów, według których następują po sobie twoje myśli, uczucia, reakcje fizjologiczne i zachowania.

Możesz zacząć od ponownej analizy poszczególnych elementów, które już zdefiniowałaś. W jaki sposób konkretne niespokojne myśli są powiązane z pewnymi uczuciami, doznaniami i postępowaniem? Jak określone uczucia i doznania prowadzą do kolejnych myśli i prowokują następne zachowania? Jakie uczucia i myśli wywołują u ciebie zachowania podyktowane lękiem? Kiedy dostrzeżesz powiązania między nimi, przekonasz się, jak łańcuszek tych reakcji sprawia, że lęk narasta.

Jest też inny sposób. Następnym razem, gdy poczujesz niepokój, skup się. Kiedy zauważysz, że zaczynasz się martwić, spróbuj dociec, jak do tego doszło. Jakie myśli, uczucia i doznania fizyczne pojawiły się wcześniej? Sprawdź, czy uda ci się prześledzić tę sekwencję wstecz do samego początku. Kiedy ostatnio czułaś się spokojna i wolna od obaw? Co się potem stało? Czy tym razem spiralę zapoczątkowała niespokojna myśl? A może była to reakcja na coś, co się wcześniej wydarzyło? Czy usłyszałaś lub zobaczyłaś coś, co przypomniało ci o twoich zmartwieniach, czy też obawy wkradły się w twoje myśli bez żadnego oczywistego powodu? Jakie uczucia i doznania fizyczne pojawiły się później? Jak na nie zareagowałaś? Czy zmieniłaś sposób postępowania w trakcie tej sekwencji, na przykład zaczęłaś coś sprawdzać, szukałaś potwierdzenia u innych osób lub uniknęłaś jakiegoś działania? Jeśli tak, jakie myśli, uczucia i doznania pojawiły się potem? Zadanie sobie tych pytań pomoże ujawnić sekwencje wydarzeń, które składają się na twoje spirale zmartwień.

ĆWICZENIE ŚWIADOMOŚCI 7:
Odtwórz swoje spirale zmartwień

Wróć myślami do ostatniego razu, kiedy się martwiłaś lub czułaś lęk. Wybierz sytuację, którą dobrze pamiętasz.

1. Skup się, zamknij oczy, jeśli ci to pomoże, i wróć myślami do tamtej sytuacji.
   - Jakie były to okoliczności? Zacznij od ostatniej rzeczy, którą pamiętasz.
   - Jak się wtedy czułaś?
   - Jakie reakcje organizmu zauważyłaś?
   - Co myślałaś?
   - Jak się zachowywałaś?
2. Określając poszczególne reakcje, cofaj się w czasie, próbując sobie przypomnieć, co działo się w twojej głowie i w twoim ciele chwilę wcześniej. Prześledź następstwo reakcji aż do początku, czyli do chwili, kiedy nie odczuwałaś lęku. Co najprawdopodobniej zapoczątkowało lawinę zmartwień? Gdy wybierzesz konkretną spiralę zmartwień do tego ćwiczenia, zapisz całą sekwencję na kartce.
3. Wróć do tego ćwiczenia później i wykonaj je ponownie, wybierając inną sytuację. Weź nową kartkę i zapisz sekwencję myśli, uczuć, doznań fizycznych i zachowań.
4. Porównaj oba przypadki. Czy dostrzegasz jakieś podobieństwa w swoich reakcjach? Czy w obu sytuacjach myślałaś to samo? Możesz przeanalizować więcej przykładów, aby odkryć powtarzające się schematy. Jak zazwyczaj reagujesz na pierwsze sygnały obaw lub niepokoju, które zapoczątkowują spiralę zmartwień?

Wysiłek, jaki włożysz w to ćwiczenie, opłaci ci się, gdy zaczniesz poznawać strategie przedstawione w dalszej części książki. Im bardziej jesteś świadoma tych mechanizmów, tym lepiej będziesz umiała zmienić ich przebieg i spróbować zastąpić je innymi reakcjami.

CZĘŚĆ II

JAK POKONAĆ LĘK: STRATEGIE

Rozdział 3

SYGNAŁY I PRZYCZYNY OBAW

DLACZEGO MONITOROWANIE JEST WAŻNE

Mam nadzieję, że udało ci się wyodrębnić myśli, uczucia, doznania fizyczne i zachowania, które składają się na twoje spirale zmartwień. A może wykonałaś kilka ćwiczeń rozwijających świadomość i stwierdziłaś, że tylko się irytujesz? Początki analizowania lęków mogą się okazać trudne, ponieważ dotąd robiłaś wszystko, co mogłaś, by o nich nie myśleć. W sytuacji, gdy czujesz, że zamartwiając się, bezsensownie tracisz czas, pomysł dodatkowego roztrząsania obaw i poświęcania im większej uwagi wydaje się dość absurdalny. Ale powiedz szczerze, w jakim stopniu sprawdziła się twoja dotychczasowa strategia unikania wszelkich myśli na ten temat. Na pewno sama zauważyłaś, że im bardziej starasz się *nie myśleć* o jakimś zmartwieniu, tym częściej do niego wracasz.

Odpychanie myśli lub celowe próby przekierowania uwagi na coś innego nieszczególnie się nam udają. Wiele badań dowodzi, że często takie wysiłki obracają się przeciwko nam, doprowadzając do zalewu niechcianych myśli, gdy na chwilę stracimy czujność (Wegner, 1989). Kiedy wkładasz energię w to, by się nie martwić, stawiasz swój umysł w paradoksalnej sytuacji. Musi on trzymać się myśli wywołującej obawy, aby skanując to, co dzieje się w twojej głowie, wykluczać wszelkie zmartwienia na dany temat. Poza tym jest to sygnał, że niektóre myśli są niebezpieczne i nie powinno się ich analizować. Czas spróbować odmiennego podejścia: pilnie zwracaj uwagę na sygnały niepokoju, przyglądaj się obawom w nowy, obiektywny sposób i świadomie decyduj, jak zareagujesz na prowokujące lęk myśli, uczucia i doznania fizyczne.

Monitorowanie własnych spirali zmartwień jest konieczne, ponieważ na początek musisz zdać sobie sprawę z automatycznych reakcji i nawyków, jakie wyrabiałaś w sobie przez lata. Łatwo jest poddać się obawom w chwili, gdy się pojawiają. Wkrótce stajesz się bezradną ofiarą własnego umysłu. Kontrolowanie tego jest pierwszym krokiem umożliwiającym odwrócenie całego procesu, ponieważ zaczynasz panować nad swoimi reakcjami. To z kolei stanowi sygnał, że potrafisz już stawić czoło swoim obawom i problemom i nie musisz ich więcej unikać.

Łatwiej o tym mówić, niż tego dokonać. Wielu kobietom ten pierwszy etap przysparza trudności, ponieważ nie jest łatwo wychwycić niewielkie zmiany w odczuwanym lęku, gdy towarzyszy on nam przez większość czasu. Nie zniechęcaj się, jeśli stwierdzisz, że trzeba wiele cierpliwości i wprawy. Wypróbuj ćwiczenia przedstawione w następnej części. Pomogą ci w regularnym monitorowaniu twoich obaw. Dowiesz się także, co może ci przypominać o konieczności kontrolowania siebie i o wypracowywaniu nowych nawyków.

JAK OBIEKTYWNIE MONITOROWAĆ PROCES MARTWIENIA SIĘ?

Zanim przystąpisz do ćwiczeń, zapamiętaj dwie uwagi, które pomogą ci dobrze je wykonać. Po pierwsze, monitorowanie musi się odbywać na bieżąco. Rejestruj wszystko, czego doświadczasz. Może cię kusić, aby cofnąć się w czasie i przypomnieć sobie, jak się czułaś poprzedniego dnia lub przed tygodniem, ale takie odtwarzane wrażenia często są zniekształcone przez czas i emocje, dlatego nie zawsze możesz na nich polegać. Aby naprawdę zrozumieć spirale zmartwień, analizuj każdy z elementów w chwili, gdy go zauważasz. Takie monitorowanie na bieżąco przygotuje cię do wprowadzenia strategii opisanych w kolejnych rozdziałach wtedy, kiedy będą one najbardziej przydatne.

Po drugie, obiektywnie analizuj sygnały obaw oraz następujące po nich sekwencje reakcji. Zamiast subiektywnie poddawać się lękom i zmartwieniom, spróbuj postępować jak pozbawiony uprzedzeń obserwator – tak jakbyś po raz pierwszy zauważała swoje myśli, uczucia, doznania fizyczne i zachowania. Bez względu na to, co w danym momencie dzieje się w tobie, studiuj swoje doświadczenia z ciekawością naukowca badającego działanie jakiegoś mechanizmu. Zamiast z góry uznawać swoje lęki i obawy za złe lub wyrzucać sobie, że się martwisz, cofnij się o krok i postaraj się o lekki dystans. Celem takiej samokontroli jest odkrycie sekwencji własnych reakcji na to, co dzieje się zarówno w twoim wnętrzu, jak i wokół ciebie. Osiągniesz to, opisując spostrzeżenia jak najbardziej konkretnie, podobnie jak chemik przedstawiłby to, jak różne substancje reagują ze sobą podczas laboratoryjnego doświadczenia.

ĆWICZENIE MONITOROWANIA 1:
Oceń poziom swego lęku

1. Weź notatnik i ołówek lub długopis. Na pierwszej stronie narysuj poziomą linię i zaznacz 0 z lewej strony i 100 z prawej. W połowie postaw poprzeczną kreskę i wpisz liczbę 50. Ma to wyglądać mniej więcej tak:

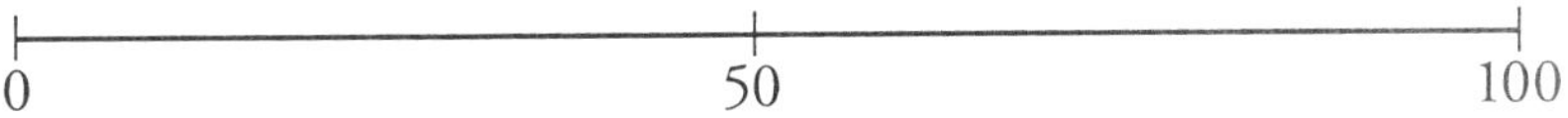

   Tej prostej skali będziesz używała do monitorowania poziomu lęku przez cały czas trwania programu. Teraz wypróbuj ją po raz pierwszy. Zadaj sobie następujące pytanie: Jeśli 100 oznacza największy lęk, jaki potrafię sobie wyobrazić, a 0 symbolizuje zupełny spokój i odprężenie, to jak się czuję w tej chwili? Oczywiście nie istnieje jedna „poprawna" odpowiedź na to pytanie. Masz wybrać wartość, która najlepiej reprezentuje poziom twojego lęku w danym momencie. Przypisz mu określoną liczbę, mniej więcej tak jak termostat pokazujący wysokość temperatury w pomieszczeniu. To pierwszy krok ku obiektywnej ocenie swoich obaw i zmartwień.

2. Kiedy już wybierzesz liczbę między 0 a 100 i zanotujesz ją, zastanów się, jak do niej doszłaś. Postaraj się określić, co wzięłaś pod uwagę w swojej ocenie. Pod zaznaczoną na osi wartością zanotuj swoje spostrzeżenia na ten temat. Od nowego wiersza zapisz swoje subiektywne uczucia. W kolejnej linii spisz wszystkie fizyczne doznania, a dalej wymień swoje zachowania lub gesty, które wykonałaś lub

miałaś ochotę wykonać. Pamiętaj, aby na liście znalazło się wszystko, co składa się na twoje obecne doświadczenie. Oto pytania, które powinnaś wziąć pod uwagę:

- Co mówiłaś sobie ułamek sekundy przed ocenieniem swojego poziomu lęku?
- Miałaś wątpliwości co do tego, czy ta książka ci pomoże lub czy będziesz umiała właściwie z niej korzystać?
- Jakie własne subiektywne uczucia zauważyłaś? Może czułaś się bezradna, beznadziejna, sfrustrowana, optymistycznie nastawiona lub podekscytowana?
- Twoje mięśnie są teraz napięte czy rozluźnione?
- Czy siedzisz lub oddychasz inaczej niż zwykle?
- Wiercisz się lub wykonujesz inne gesty podyktowane lękiem?

Nie próbuj decydować, co powinnaś tu uwzględnić – po prostu zapisz wszystkie spostrzeżenia dotyczące tego, czego doświadczasz, i zrób to jak najbardziej rzeczowo.

3. Na dalszych stronach notatnika prowadź dziennik, zapisując w nim poziom odczuwanego lęku *codziennie*, kilka razy w ciągu dnia. Każda kartka może reprezentować nowy dzień. Każdy wpis powinien się zaczynać od pory dnia i krótkiego opisu tego, co się dzieje, na przykład: „Siedzę przy biurku w pracy" albo „Właśnie odłożyłam słuchawkę po rozmowie z Mary". Potem zanotuj liczbę między 0 a 100, która odzwierciedla poziom twego lęku w danej chwili, i opisz, jakie myśli, uczucia, doznania fizyczne i zachowania zaobserwowałaś przy takiej intensywności lęku – tak samo jak robiłaś to wcześniej. Pamiętaj, aby w ciągu dnia robić przerwy na uzupełnianie dziennika – nie notuj tego, co zdarzyło się wcześniej, i nie wpisuj nic „z pamięci". Niech cię nie kusi, żeby pominąć etap notowania spostrzeżeń! Rejestrowanie wszystkiego na piśmie jest jednym z kroków, dzięki którym twoja obserwacja jest bardziej obiektywna. Poza tym będziesz mogła wracać do wcześniejszych zapisków, aby śledzić postępy, szukać powtarzających się schematów i sprawdzać, co wywołuje u ciebie niepokój. Aby nabyć wprawy i osiągnąć najlepsze rezultaty, oprócz dokonywania czterech lub pięciu wpisów dziennie możesz dodatkowo monitorować swoje obawy i określać poziom lęku w myślach.

Przygotuj plan obserwacji

Żeby monitorowanie było skuteczne, musisz znaleźć sposób na przypominanie sobie o nim w ciągu dnia. Jedna z metod polega na ustaleniu pór, kiedy zamierzasz je przeprowadzać – po prostu uczyń z niego część codziennej rutyny. Możesz ustalić na przykład, że pierwszego wpisu dokonasz rano, zaraz po wstaniu z łóżka, drugiego – w czasie przerwy na lunch, trzeciego – gdy tylko wrócisz z pracy do domu, a czwartego – po kolacji. System dokładnych godzin bowiem sprawdza się tylko wtedy, gdy zawsze nosisz zegarek. Inną metodą jest wybranie jakiejś czynności lub sytuacji, która zachodzi kilkakrotnie w ciągu dnia i może nam przypominać, że mamy zanotować poziom odczuwanego lęku. Pomyśl o tym za każdym razem, gdy zabierasz się w pracy do nowego zadania, wychodzisz z domu, by załatwić kolejną sprawę, lub jadąc samochodem, zatrzymujesz się na czerwonym świetle. Są to chwile, które mogą ci przypominać o tym, że masz określić poziom lęku w danym momencie oraz dokonać obiektywnej inwentaryzacji swoich myśli, uczuć, doznań fizycznych i zachowań. Nasilenie lęku możesz określić nawet w chwili, jaką zyskasz, pozwalając, aby telefon zadzwonił o jeden dzwonek dłużej. Oczywiście niektóre z tych sytuacji (na przykład prowadzenie samochodu!) wykluczają możliwość zapisania czegokolwiek, ale rzecz w tym, aby wyrobić w sobie nawyk jak najczęstszego monitorowania poziomu lęku.

Na stronie obok znajdziesz wpis Lindy, która stale zamartwia się tym, że ma dużo stresów w pracy. Linda wybrała godzinę 9.45 na porę jednego z wpisów, ponieważ robi sobie wtedy krótką przerwę.

Wtorek, 5 listopada

9.45

Siedzę przy biurku. Szef przed chwilą zapytał mnie o projekt, którego jeszcze nie skończyłam.

Poziom lęku: 40

Myśli: Jak zdołam skończyć to przed lunchem? Dlaczego szef zawsze jest wobec mnie taki szorstki? Nienawidzę tej pracy.

Subiektywne uczucia: Jestem sfrustrowana i roztrzęsiona. Ciągle też czuję smutek z powodu tego, co mi się śniło zeszłej nocy.

Doznania fizyczne: Czuję napięcie i ból w ramionach, ucisk w żołądku i klatce piersiowej.

Zachowania: Obgryzam paznokcie, stukam ołówkiem w blat biurka, mam ochotę schować się w toalecie na kilka minut.

PRZERYWAJ SPIRALE ZMARTWIEŃ CORAZ WCZEŚNIEJ

Skoro zaczęłaś już monitorować poziom lęku i masz świadomość, co się składa na jego doświadczanie, możesz przystąpić do kolejnego etapu. Polega on na tym, aby za każdym razem sięgać coraz dalej wstecz. Możesz określić, od czego zaczęły się twoje obawy, docierając nawet do źródła całej spirali zmartwień. Spiralę można też porównać do śnieżnej kuli toczącej się po zboczu góry: coraz bardziej przyspiesza i błyskawicznie zwiększa rozmiary. Dlatego im wcześniej zauważysz, że spirala się tworzy, tym będzie słabsza, a ty tym łatwiej zmienisz przebieg procesu i wypróbujesz nowe sposoby reagowania. Zwiększysz także szansę, że twoja reakcja skutecznie przerwie proces narastania obaw. Następne ćwiczenie nauczy cię, jak coraz wcześniej orientować się, że wpadłaś w spiralę zmartwień. Prześledzenie konkretnej sekwencji wydarzeń pomoże ci odkryć, co dało temu początek.

ĆWICZENIE MONITOROWANIA 2: Przyjrzyj się konkretnym przypadkom

1. Przez następny tydzień zwróć uwagę, kiedy zaznaczasz poziom lęku powyżej 50. Oznacza to, że odczuwasz co najmniej umiarkowany lęk. Zapisz, co w danej chwili dzieje się wokół ciebie, i zanotuj swoje myśli, uczucia, doznania fizyczne i zachowania, które składają się na to doświadczenie.
2. Kiedy skończysz, wyjmij oddzielną kartkę i połóż ją poziomo. Przy prawym brzegu zapisz ostatnią myśl, uczucie, doznanie lub zachowanie z chwili, gdy oceniałaś poziom swojego lęku. Jeśli zauważyłaś kilka rzeczy, zanotuj wszystkie.
3. Teraz obok zapisu narysuj małą strzałkę skierowaną w prawą stronę. Zastanów się: co się działo chwilę wcześniej? Może w twojej głowie pojawiła się jakaś myśl, w wyniku której napięłaś mięśnie lub zacisnęłaś zęby. Zapisz odpowiedź po lewej stronie strzałki. Pewnie już widzisz, do czego zmierza to ćwiczenie. Narysuj drugą strzałkę skierowaną w prawo po lewej stronie ostatniej odpowiedzi, po czym raz jeszcze zadaj sobie pytanie: co się działo chwilę wcześniej? W ten sposób prześledź spiralę zmartwień, wędrując jak najdalej wstecz. Być może stwierdzisz, że byłaś spokojna i opanowana, dopóki ktoś czegoś nie powiedział lub nie spojrzał na ciebie w określony sposób. A może wszystko zaczęło się od tego, że w twojej wyobraźni pojawił się jakiś straszny obraz. Postaraj się dodać to ćwiczenie do regularnego monitorowania opisanego wcześniej. Wykonuj je raz dziennie, a przynajmniej zawsze wtedy, gdy poziom lęku wzrośnie powyżej 50.

Przypuśćmy teraz, że w przykładowym wpisie przedstawionym powyżej Linda oceniła swoje obawy na 50, a nie 40. Oto, jak wtedy wyglądałoby ćwiczenie:

Myśl: „Jak zdołam skończyć to przed lunchem? → Szef poprosił o projekt. → Myśl: „Dlaczego on jest zawsze wobec mnie taki szorstki? → Czułam się sfrustrowana i roztrzęsiona. Ucisk w żołądku. → Napięcie ramion i ucisk w piersiach. → Myśl: „Nienawidzę mojej pracy”. → Obgryzam paznokcie i stukam ołówkiem.

PRZEŁAMYWANIE STARYCH PRZYZWYCZAJEŃ

Rozpoczynając etap ćwiczeń monitorowania, uczysz się rezygnować z dawnych nawyków, czyli z reagowania na oznaki niepokoju i na to, co go wywołuje, w sposób, który stymuluje lęk. Prawdopodobnie sama zwróciłaś już uwagę, że mniej więcej ta sama sekwencja reakcji zachodzi za każdym razem, gdy spirala zmartwień nabiera rozpędu. Powtarzałaś je wielokrotnie, więc wryły ci się w pamięć. Utrwalone nawyki określonych reakcji trudno wykorzenić, ponieważ zbyt łatwo się uruchamiają. Dlatego wydają ci się tak automatyczne i nie wymagają żadnego wysiłku.

Za to próby wprowadzenia zmian kosztują cię niemało trudu i wcale nie zachodzą automatycznie. Właśnie dlatego ćwiczenia strategii działania opisane w następnych rozdziałach na początku mogą ci się wydać bardzo skomplikowane. Na szczęście z czasem staną się łatwiejsze. Przy każdej kolejnej próbie będziesz kształtowała nowe sekwencje reakcji, które zostaną zarejestrowane w pamięci. Innymi słowy, wypracujesz nowe nawyki. Dawne przyzwyczajenia, coraz rzadziej dopuszczane do głosu, będą słabły, natomiast nowe sposoby reagowania zaczną się uruchamiać coraz szybciej. Sygnały i przyczyny lęku nabiorą nowego znaczenia. Kiedy zauważysz u siebie jakąś niespokojną myśl, napięcie mięśni ramion lub ucisk w żołądku, wcale nie potraktujesz tego jako zapowiedzi nadchodzących przykrości. Przeciwnie, staną się one wskazówkami sygnalizującymi, że masz doskonałą sposobność przećwiczenia jednej z nowych strategii działania.

KSZTAŁTOWANIE NOWYCH NAWYKÓW: CZTERY PODSTAWOWE STRATEGIE

Nie da się wyeliminować dawnych nawyków, po prostu z nich rezygnując. Musisz zastąpić je nowymi. Jakie mają być twoje nowe strategie działania? Każdy z kolejnych czterech rozdziałów nauczy cię jednej metody reagowania, nastawionej na co najmniej jeden z czterech elementów lęku. Najlepiej przyswoić sobie wszystkie, ponieważ w ten sposób rozwiniesz wiele umiejętności potrzebnych do przerywania spirali zmartwień. Prawdopodobnie stwierdzisz, że w pewnych sytuacjach lepiej się sprawdza metoda spojrzenia z innej perspektywy, natomiast w innych – metoda relaksacji. Ćwicz sumiennie każdą strategię przez co najmniej tydzień lub dwa, zanim stwierdzisz, które dają najlepsze rezultaty w twoim przypadku. Osiągnięcie biegłości w stosowaniu wszystkich sposobów wymaga sporo praktyki, dlatego nie dziw się, jeśli nie od razu odniesiesz zamierzony skutek. Przy odrobinie wytrwałości większość osób czeka przyjemna niespodzianka, bo szybko nauczą się wydostawać ze spirali zmartwień.

Spójrz na swoje zmartwienia z innej perspektywy

Pierwsza strategia bierze na cel niespokojne myśli i zmartwienia, pokazując je z innej perspektywy. Z rozdziału 4 dowiesz się, jak traktować swoje myśli jako domysły, interpretacje i przewidywania, a nie jako niepodważalne fakty. Dzięki takiemu podejściu możesz je analizować, oceniając każdą sytuację z kilku różnych punktów widzenia. Przekonasz się, że istnieje wiele sposobów postrzegania siebie i świata, który cię otacza, i że sama możesz decydować, jak zareagujesz na określone myśli.

Staw czoło temu, czego się obawiasz

Druga strategia ma zaradzić tendencji do unikania tego, czego się boisz. Rozdział 5 pokaże ci, jak stawić czoło osobom, sytuacjom i emocjom, które mają związek z twoimi obawami. Martwiąc się, ludzie zwykle myślą o tym, czego się boją, ale najczęściej tylko krążą wokół tematu, tak jakby chcieli uniknąć bezpośredniej konfrontacji z problemami. Sprawia to, że czują się coraz bardziej niespokojni, bezradni i beznadziejni. Poza tym nie mogą się pozbyć nieprzyjemnego przeczucia, że zbliża się jakieś nieszczęście. Tymczasem wszystkie te uczucia są wtórne, wywołane wcześniejszymi reakcjami w spirali zmartwień. Podstawowe emocje często gubią się gdzieś w tym procesie. Rozdział 5 pomoże ci dostrzec nawet najdrobniejsze rzeczy, których unikasz, i nauczy cię, jak rozsądnie, krok po kroku, stawić im czoło. Przekonasz się, że potrafisz podejść do każdej sytuacji, nie ulegając chęci ucieczki. Zobaczysz, że zdołasz sprostać wszystkim emocjom, jakie pojawią się po drodze, i to niezależnie od tego, jak bezbronna się czujesz.

Odpręż się

Strategie opisane w rozdziale 6 skupiają się na fizycznych odczuciach towarzyszących lękowi i uczą metod relaksacji. Choć uważa się, że wiele tych metod bezpośrednio wpływa na naszą fizjologię, tak naprawdę ciała i umysłu nie da się zupełnie oddzielić. Uspokojenie myśli i stworzenie subiektywnego uczucia odprężenia to cele rozdziału 6.

Trzymaj się chwili obecnej

Ostatnia strategia przedstawiona w rozdziale 7 dotyczy tendencji do wybiegania myślą w przyszłość lub cofania się w przeszłość, kosztem teraźniejszości. Zamiast reagować na to, co jeszcze się nie wydarzyło, lub rozpatrywać minione zdarzenia, możesz żyć chwilą obecną i w pełni doświadczać tego, co życie ma ci do zaoferowania. Nauczysz się sposobów ściągania myśli z powrotem w teraźniejszość i dowiesz się, jak obserwować siebie oraz swoje otoczenie z akceptacją, wrażliwością i obiektywizmem, za to bez żadnych oczekiwań.

SKUTECZNOŚĆ TAKIEGO PODEJŚCIA DO ZMARTWIEŃ

Wszystkie strategie opisane w tej książce zostały sprawdzone w badaniach psychologicznych z udziałem kobiet ze skłonnościami do zamartwiania się oraz takich, u których stwierdzono zgeneralizowane zaburzenia lękowe. W trakcie tych studiów terapeuci uczyli zarówno kobiety, jak i mężczyzn określonych metod radzenia sobie z obawami. Wiele osób zauważyło po pewnym czasie znaczącą i trwałą poprawę jakości życia (Borkovec i Ruscio, 2001; Gould i inni, 2004).

Większość tych badań uwzględniała pewien typ terapii zwanej behawioralno-poznawczą. Jednym z jej elementów jest terapia poznawcza zwana też kognitywną, która polega na ocenie własnych myśli z innego punktu widzenia (my nauczymy się tego w rozdziale 4). Terapia behawioralno-poznawcza wskazuje też na konieczność kontaktu z sytuacjami wywołującymi obawy, co my przećwiczymy w rozdziale 5. Stosuje się w niej także metody relaksacji opisane w rozdziale 6. Podejście behawioralno-poznawcze, jakie prezentuję w tej książce, zostało oparte w znacznej mierze na pracy Toma Borkoveca i jego kolegów z Pennsylvania State University (Borkovec i inni, 2002). Przez ostatnich dwadzieścia lat prowadzili oni badania nad terapią osób ze skłonnościami do zaburzeń lękowych. Niektóre z metod behawioralno-poznawczych przedstawionych w tej książce zostały opracowane na podstawie informacji zaczerpniętych z publikacji Davida Barlowa, Michelle Craske i ich współpracowników (Zinbarg, Craske i Barlow, 1993; Brown, O'Leary i Barlow, 2001). Jeśli interesują cię badania nad terapią behawioralno-poznawczą, więcej informacji znajdziesz w przeglądowych artykułach na ten temat (Borkovec i Ruscio, 2001; Gould i inni, 2004).

Zostało nam jeszcze skupianie się na teraźniejszości, opisane w rozdziale 7. Ono także stanowi część programu wspomnianej wcześniej terapii behawioralno-poznawczej. Nowsze metody terapeutyczne stosowane w walce z nadmiernym lękiem poszerzyły to podejście, wprowadzając strategie świadomej obecności [ang. *mindfulness* – uważność, świadoma koncentracja], polegające na celowym ćwiczeniu skupiania się na chwili obecnej (Orsillo, Roemer i Barlow, 2003). Według jednej z prac badawczych takie strategie mogą pomóc osobom ze zgeneralizowanymi zaburzeniami lękowymi (Kabat-Zinn i inni, 1992).

Rozdział 4

NOWA PERSPEKTYWA

TWOJE MYŚLI TO NIE FAKTY

Nasze obawy pełne są ukrytych przypuszczeń, oczekiwań i założeń dotyczących nas samych, innych ludzi oraz naszej przyszłości. Kiedy wkradają się w nasze myśli, od razu jesteśmy gotowi szykować się na najgorsze. Postępujemy tak, jakby miały się z całą pewnością spełnić. Nasz umysł i organizm wrzucają wysoki bieg, a sekwencja reakcji przebiega coraz szybciej. Jednocześnie kiedy się zamartwiamy, nie potrafimy jasno oceniać siebie i swoich obaw. Jesteśmy tak pochłonięci samym reagowaniem, że nie umiemy się przyjrzeć swoim myślom w inny, nowy sposób ani zastanowić się, co naprawdę znaczą. Zamiast tego wmawiamy sobie, że czeka nas katastrofa, więc martwimy się dalej, próbując się na nią przygotować.

Ten rozdział ma cię nauczyć obiektywnej oceny zmartwień. Nie wystarczy zastąpić niespokojnych myśli pozytywnymi. Życie nie zawsze jest jak róża bez kolców, są w nim także tragiczne wydarzenia. Prawda jest taka, że nikogo z nas nie ominą rozczarowania, ból i cierpienie. Jednakże w przypadku wielu kobiet zmartwienia stają się przyczyną innego rodzaju problemów, które są zupełnie niepotrzebne. Jeśli zawsze spodziewasz się najgorszego i zakładasz, że nie dasz sobie rady, nie dopuszczasz do świadomości wielu ważnych informacji o sobie samej oraz otaczającym cię świecie. Ćwiczenia przedstawione w tym rozdziale pomogą ci zobaczyć twoje zmartwienia we wszystkich odcieniach szarości, a nie tylko w czerni i bieli.

Obawy jako iluzoryczne poczucie pewności

Kiedy trafiamy w spiralę zmartwień, nie zdajemy sobie sprawy, że większość sytuacji można różnie interpretować. Wiele naszych obaw jest co najmniej niejasnych, a przyszłość jest zawsze niewiadoma. Czasami taka niepewność jest ekscytująca. Pomyśl tylko, jak nudne byłoby życie, gdyby wszystko dało się przewidzieć w stu procentach. Zdarza się jednak, że owa niepewność nas niepokoi. W takich chwilach przydałaby się nam magiczna kryształowa kula, w której zobaczyłybyśmy, jak coś się skończy, i wiedziałybyśmy to na pewno.

Wiele osób reaguje na życiową niepewność zamartwianiem się. Choć takie obawy nie są przyjemne, potrafią jednak sprawić, że wszystko wydaje się nam bardziej pewne, niż jest w rzeczywistości. Niestety, chwilowa ulga, jaką daje nam poczucie większej pewności, ma zbyt wysoką cenę. Gdy się zamartwiasz, masz tendencję do uzupełniania wszelkich luk domysłami i przewidywaniami zagrożeń. Może dzięki temu czujesz się lepiej przygotowana na najgorsze i bardziej pewna w sytuacji, w jakiej się znalazłaś, ale zarazem stajesz się niespokojna i nieszczęśliwa. Poza tym, im więcej ktoś się martwi, tym częściej brak pewności jest dla niego problemem (Dugas, Freeston i Ladouceur, 1997). Ten rozdział pomoże ci się przyjrzeć wątpliwościom i niejasnościom, jakie cię otaczają, dzięki czemu spojrzysz na swoje obawy z odpowiedniej perspektywy. Zamiast tworzyć tylko jeden scenariusz, dzięki któremu przyszłość wydaje ci się bardziej przewidywalna, nauczysz się rozważać wszystkie możliwości i oceniać je pod różnymi kątami.

Traktuj swoje myśli jak przypuszczenia

Ćwicząc poszczególne kroki opisane w następnej części, zawsze zaczynaj od przypomnienia sobie, że każda myśl jest jedynie domysłem na temat znaczenia jakiegoś minionego lub przyszłego wydarzenia. Wszyscy próbujemy dostrzec sens w tym, co się dzieje wokół nas, i tłumaczymy sobie to, co się stało lub może się wkrótce wydarzyć. Jednakże obawy często są jedynie przypuszczeniami na temat przyszłości. Tylko zgadujesz, co będzie, jak inni zareagują i jak sobie poradzisz. Takie myśli są równie automatyczne jak odruchy. Pojawiają się tak naturalnie i łatwo, że nawet nie jesteś ich świadoma, o ile nie nastawisz się na ich wyłapywanie. Dopóki nie uświadomisz sobie swoich myśli i nie zaczniesz traktować ich jako przypuszczeń, a nie pewników, twój organizm i umysł będą reagowały na nie tak, jakby to była prawda. Dlatego lepiej cofnij się o krok i spróbuj inaczej spojrzeć na sytuację, w jakiej się znalazłaś.

Sara: Interpretacja sytuacji

Weźmy przykład z życia Sary, trzydziestoletniej mieszkanki Chicago, redaktorki prasowej, która zaprosiła nową koleżankę z pracy na kolację. Umówiły się w restauracji, ale kiedy Sara dotarła na miejsce, koleżanki jeszcze nie było. Mimo to poprosiła o stolik, informując kelnerkę, że czeka na kogoś. Minęło dziesięć minut, a koleżanka się nie zjawiła. Sara zamówiła drinka, zastanawiając się, dlaczego znajoma się spóźnia i czy w ogóle zamierza przyjść. „To na pewno nic złego, pomyślała. Może nie znalazła miejsca do zaparkowania, utknęła w korku albo szef zatrzymał ją dłużej w pracy".

Dwadzieścia minut później Sara zadzwoniła na komórkę koleżanki, ale odezwała się poczta głosowa. Przy okazji stwierdziła, że sama miała wyłączony telefon, ale nikt nie zostawił wiadomości. W tym momencie Sara odrzuciła wszelkie proste wyjaśnienia, które wcześniej przyszły jej do głowy. Koleżanka na pewno zadzwoniłaby, gdyby jedno z nich było przyczyną jej spóźnienia. Sara zrobiła więc to, co wiele osób w takich okolicznościach: zaczęła analizować sytuację i tworzyć własną interpretację powodów, dlaczego znajoma się nie zjawiła. Koleżanka pewnie wiedziała, że nie przyjdzie, ale nie zadała sobie trudu, by odwołać spotkanie, bo w pracy tylko udawała, że lubi Sarę. Taka interpretacja sytuacji sprawiła, że Sara poczuła się odrzucona, niepewna i upokorzona. Po pięćdziesięciu minutach czekania na znajomą lub telefon od niej w końcu postanowiła zapłacić rachunek i wyjść. Przekonana, że jej tak zwana koleżanka wystawiła ją do wiatru, zamartwiała się tym cały wieczór i większą część następnego dnia: „Dlaczego ona mnie nie lubi? Czy spotykając się z ludźmi, narażam się tylko na odrzucenie? Może facet, z którym mam randkę w sobotę, też zamierza mnie wystawić. Tego bym nie zniosła..."

Późnym popołudniem następnego dnia, po zebraniu, Sara ponownie sprawdziła pocztę głosową. Usłyszała wiadomość nagraną przez koleżankę zaledwie minutę przed tym, jak Sara włączyła komórkę w restauracji. Okazało się, że syn koleżanki zachorował, więc nie mogła przyjść. Ponieważ operator sieci, z której korzysta Sara, potrzebuje mniej więcej dwóch minut na udostępnienie wiadomości głosowych, Sara nie miała pojęcia, że znajoma dzwoniła, aby odwołać spotkanie! Wniosek z tej historii jest taki, że każde wydarzenie można interpretować na wiele różnych sposobów. Co ważniejsze, twoja interpretacja wpływa na to, co czujesz w związku z określoną sytuacją.

OCEŃ SWOJE MYŚLI Z ODPOWIEDNIEJ PERSPEKTYWY

Następna część zapozna cię z pięcioma krokami, jakie powinnaś wykonać za każdym razem, gdy przyłapiesz się na zamartwianiu się. Zacznij od zapisywania każdego z nich. Najlepiej załóż notes albo dziennik, który pozwoli ci śledzić twoje zmartwienia i analizować każdą powodującą je myśl według kolejnych kroków. Kiedy zyskasz wprawę w ocenie własnych myśli z pewnej perspektywy, przekonasz się, że taka etapowa analiza wejdzie ci w nawyk i stanie się automatyczna. Na początku jednak na bieżąco uzupełniaj listę głównych obaw, jakie zauważasz podczas codziennego monitorowania myśli, którego nauczyłaś się z rozdziału 3. Codziennie poświęcaj co najmniej 15–20 minut na pisemną ocenę każdej obawy według przedstawionych tu kroków. Z tego samego schematu będziesz korzystała, pracując nad konkretnymi przedmiotami obaw w części 3.

Krok 1: Bądź konkretna. Dokładnie określ, co myślisz.

Krok 2: Stwórz inne możliwości. Znajdź inne wyjścia i interpretacje.

Krok 3: Przyjrzyj się dowodom. Oceń prawdopodobieństwo każdej ewentualności.

Krok 4: Załóż, że stało się najgorsze. Prześledź swoje obawy do końca.

Krok 5: Zbadaj nowe perspektywy. Podsumuj cały proces, aby wypracować bardziej zrównoważony punkt widzenia.

Krok 1: Bądź konkretna

Pierwszy krok polega na uświadomieniu sobie tego, co dokładnie myślisz, gdy się martwisz. Kiedy zauważasz, że twoje myśli wywołują w tobie lęk, skup się na konkretnym przypadku lub sytuacji, której dotyczą zmartwienia. Jak najbardziej szczegółowo i konkretnie opisz, c z e g o się obawiasz. Trzeba sporo wprawy, aby zawęzić niejasne i ogólne obawy do przewidywań lub interpretacji na tyle konkretnych, że później będziesz w stanie z całą pewnością stwierdzić, czy się sprawdziły.

ĆWICZENIE PERSPEKTYWY 1: Bądź konkretna

1. Wybierz obawę, którą zaobserwowałaś tego dnia podczas codziennego monitorowania myśli. Zapisz przedmiot obawy na górze nowej strony w dzienniku. Jeśli jeszcze nie zaczęłaś monitorowania, w ćwiczeniach w rozdziale 3 znajdziesz wskazówki, jak to robić.
2. Pod ogólnym przedmiotem obawy zapisz konkretny przypadek, wydarzenie lub sytuacje, które najlepiej ją ilustrują. Postaraj się zrobić to jak najdokładniej.
3. Określ, czy zmartwienie dotyczy przeszłości czy przyszłości. Zanotuj następujące informacje:
   - Minione wydarzenie: Jeśli martwisz się o sytuację, która już się zdarzyła, zastanów się, jak ją interpretujesz lub sobie tłumaczysz. Które z twoich myśli sprawiają, że czujesz niepokój?
   - Przyszłe wydarzenie: Jeśli obawiasz się przyszłej sytuacji lub czegoś, co dopiero może się wydarzyć, postaraj się dokładnie określić swoje przewidywania: co, według twoich obaw, mogłoby się stać. Zrób to tak precyzyjnie, by inna osoba mogła obiektywnie ocenić, czy do takiego wydarzenia później doszło czy nie.
4. Teraz postaraj się jak najbardziej sprecyzować myśl, która cię niepokoi. Uważaj na następujące przeszkody, które mogą ci to utrudnić:
   - Zbyt ogólne określenia: Unikaj zbyt ogólnych określeń, które mają dla ciebie subiektywne znaczenie, ale których nie można obiektywnie zweryfikować. Na przykład, jeśli martwi cię jakaś zbliżająca się sytuacja, ponieważ obawiasz się, że spotka cię „niepowodzenie", zmuś się do określenia, co dokładnie przez to

rozumiesz. Co masz na myśli, gdy używasz tego słowa? Jak później zdołasz ocenić, czy sprawdziły się twoje przewidywania?

- Nieograniczone ramy czasowe: Kolejny kłopot pojawia się, kiedy zmartwienia mają nieograniczone ramy czasowe. Jeżeli jest tak w przypadku twoich obaw, zmuś się do określenia punktu w przyszłości, kiedy – według ciebie – twoje przewidywania mogą się spełnić.

5. Gdy zawęzisz ogólne obawy do konkretnych zmartwień, streść je w jednym zdaniu. Następnie po lewej stronie kartki stwórz kolumnę z nagłówkiem „Bądź konkretna" i wpisz swoje podsumowujące zdanie.

Stacy: Obawy o szkołę, karierę i niepewną przyszłość

Wykonajmy to ćwiczenie wspólnie na przykładzie Stacy, dziewiętnastoletniej studentki, która często czuje ciężar nieokreślonych obaw o szkołę i przyszłą karierę zawodową.

1. Podczas codziennego monitorowania myśli Stacy odkryła, że często martwi się nauką. Dlatego ten temat zapisuje na górze kartki w swoim dzienniku.
2. Szukając konkretnego przykładu, wydarzenia lub sytuacji, które najlepiej ilustrują jej obawy, Stacy uświadamia sobie, że często, siedząc na zajęciach, zastanawia się, czy skończy college i zrobi licencjat. Postanawia pod ogólnym tematem „Nauka" zapisać: „Martwię się, czy skończę college i zrobię licencjat".
3. Od razu widzi, że te konkretne obawy dotyczą tego, co wydarzy się w przyszłości. Zadaje więc sobie pytanie, czego dokładnie się boi, i notuje następujące przypuszczenie: „Nigdy nie skończę college'u".
4. Potem Stacy próbuje jeszcze bardziej ukonkretnić swoje obawy. Szuka zbyt ogólnych określeń i zastanawia się nad słowem „nigdy", którego użyła. Dochodzi do wniosku, że jej przypuszczenie ma nieograniczone ramy czasowe. Zadaje więc sobie pytanie: Jak długo jeszcze mogę się zastanawiać, czy skończę college, czy też postanowię przerwać naukę? Próbuje sprecyzować myśl „Nigdy nie skończę szkoły", określając konkretne ramy czasowe. Przychodzi jej do głowy kilka możliwości: „Nie zrobię licencjatu za cztery lata" i „Będę potrzebowała sześciu lat, a nie czterech, żeby zrobić dyplom".

Zwróć uwagę na to, że według wcześniejszej wersji („Nigdy nie skończę szkoły"), trzeba by było czekać do końca życia Stacy, aby zweryfikować jej przewidywania. Tymczasem po zakończeniu kroku 4 sama Stacy może po upływie czterech lub sześciu lat ocenić, czy jej przypuszczenie okazało się prawdziwe.

5. Stacy zdołała zawęzić zakres swoich obaw o naukę i przekonała się, że w rzeczywistości martwi ją ewentualność, iż za cztery lata nie skończy college'u razem z kolegami i koleżankami z roku. Zapisuje więc w kolumnie „Bądź konkretna": „Nie zrobię dyplomu w ciągu czterech lat".

Krok 2: Stwórz inne możliwości

Skoro przeszłaś już do konkretów, drugi krok polega na poszukaniu innych możliwości. Mając do przeanalizowania konkretne przypuszczenie, założenie lub interpretację, możesz zacząć szukać innych. Celem tutaj jest znalezienie jak największej liczby ewentualności. Urządź sobie prywatną „burzę mózgu" i spróbuj wymyślić jak najwięcej różnych opcji, nawet najbardziej nieprawdopodobnych i niemądrych. To nie pora na osądzanie i odrzucanie tych, które wydają się nierealne. Ocenisz je później. Celem tego ćwiczenia jest uwolnienie myśli i jak największe uelastycznienie umysłu. Określając wiele różnych możliwości, unikniesz utknięcia na najgorszym z ewentualnych rozwiązań lub na pierwotnej perspektywie, która pojawiła się automatycznie, gdy zaczęłaś się martwić.

ĆWICZENIE PERSPEKTYWY 2:
Stwórz inne możliwości

1. Na tej samej kartce sporządź drugą kolumnę na prawo od kolumny „Bądź konkretna" i zatytułuj ją „Możliwości".
2. W tej kolumnie wymień jak najwięcej ewentualnych rozwiązań. Postaraj się o całe spektrum możliwości lub interpretacji – od najlepszych po najgorsze.
   - Jeśli martwisz się o jakieś przyszłe wydarzenie, jak inaczej mogłyby się potoczyć sprawy?
   - Jeżeli martwisz się tym, co już się stało, jakie odmienne interpretacje lub oceny twojej sytuacji dostrzegłaby inna osoba?

Stacy może poszukać ewentualności innych od jej pierwotnego przypuszczenia: „Nie zrobię dyplomu w ciągu czterech lat" i zapisać następujące możliwości: „Skończę uczelnię zgodnie z planem, razem ze swoim rokiem", „Wezmę dodatkowe kursy latem i zrobię dyplom wcześniej" albo „Nie skończę razem z moją grupą, ale zrobię licencjat o semestr później".

3. Kiedy sporządzisz już listę opcji, przejrzyj ją od początku, zastanawiając się, czy możesz jeszcze coś dodać. Sprawdź, czy jakiś aspekt twojej sytuacji lub przypuszczeń nie powtarza się we wszystkich pozycjach na liście. Jeśli tak, postaraj się określić inne wersje dla wszystkich opcji, które już wymieniłaś. Być może warto byłoby wykonać to ćwiczenie z bliską ci osobą, członkiem rodziny lub przyjaciółką – z kimś, kto mógłby dostrzec możliwości, jakie tobie nie przyszły do głowy.

Stacy zauważyła, że wszystkie wymyślone przez nią opcje skupiały się na tym, czy ukończy studia. Dlatego potem dodała inne, na przykład: „Jeszcze w trakcie studiów znajdę pracę, która mi się spodoba, i postanowię zrezygnować z dyplomu" i „Założę własną firmę internetową".

Krok 3: Przyjrzyj się dowodom

Celem tego etapu jest przejrzenie możliwości z listy i porównanie ich z pierwotną obawą. Twoim zadaniem jest ocena prawdopodobieństwa każdej z nich po kolei – także tej pierwszej. Przyjrzyj się dowodom za lub przeciw każdej możliwości. Na pewno łatwo znajdziesz fakty i informacje na poparcie swojej pierwotnej obawy. Dlatego powinnaś zmusić się do znalezienia wszystkiego, co przemawia przeciwko niej. Zamartwiając się czymś, ludzie często popełniają błąd, traktując swój lęk jako dowód, że to, czego się obawiają, jest bardzo realne.

Niepokój każe ci wierzyć, że prawdopodobieństwo spełnienia się twojej obawy jest o wiele większe niż w rzeczywistości. Dlatego właśnie musisz zakwestionować swoją wcześniejszą ocenę sytuacji. Sam fakt, że coś wydaje się prawdziwe lub prawdopodobne, wcale nie oznacza, iż tak właśnie jest. Przypominasz sobie jakąś sytuację, gdy byłaś w stu procentach przekonana, że coś się stanie lub już się stało, a potem stwierdziłaś, że nie miałaś racji? Może z góry założyłaś, że nie dostaniesz się na uczelnię, a tymczasem zostałaś przyjęta. Albo byłaś przekonana, że ktoś się na ciebie gniewa, choć wcale tak nie było.

ĆWICZENIE PERSPEKTYWY 3: Przyjrzyj się dowodom

1. Kolumnę na prawo od „Możliwości" zatytułuj „Dowody".
2. Przeczytaj swoją pierwotną myśl z pierwszej kolumny i zadaj sobie pytanie: Jakie są szanse, że moja obawa się spełni? W skali od 0 do 100 określ procentowe prawdopodobieństwo, które odzwierciedla to, jak realna jest według ciebie dana ewentualność. Zero procent oznacza, że coś jest niemożliwe, a sto procent, iż jest absolutnie pewne. Zanotuj swoją ocenę prawdopodobieństwa w kolumnie „Dowody".

   Nie zapisuj wysokiej wartości tylko dlatego, że naprawdę wierzysz w swoje obawy. Masz obiektywnie ocenić prawdopodobieństwo, a nie stwierdzić, jak prawdziwe wydaje ci się to, co myślisz. Jeśli opierasz ocenę na przeczuciach, określona przez ciebie wartość najprawdopodobniej jest zawyżona.
3. Następnie zastanów się: Skąd wiem, że to się wydarzyło lub może się wydarzyć? Pod oceną prawdopodobieństwa zapisz wszystko, co przemawia za twoją pierwotną obawą, i wszystko, co jej przeczy. Pamiętaj, aby przyjrzeć się wszystkim dostępnym dowodom, a nie skupiać się jedynie na tych, które potwierdzają twoje wnioski. W tym celu zadawaj sobie pytanie: Czy nie przeoczyłam jakichś faktów przeczących moim przekonaniom? Staraj się, by twoja ocena była jak najdokładniejsza.

   Aby zebrać dowody w sprawie przypuszczenia dotyczącego przyszłości, przyjrzyj się podobnym sytuacjom z przeszłości. W trakcie tego ćwiczenia Stacy uświadomiła sobie, że jej obawa „Nie zrobię dyplomu za cztery lata" podyktowana była tym, że nie nadążała z opanowaniem materiału z historii. Kiedy jednak przeanalizowała wcześniejsze wyniki z tego przedmiotu, zrozumiała, że już wcześniej miała zaległości, a mimo to zawsze zaliczała kolokwia.
4. Skoro już oceniłaś prawdopodobieństwo spełnienia się twojej pierwotnej obawy, wróć do kolejnej opcji w kolumnie „Możliwości" i powtórz ten sam proces. Oceń prawdopodobieństwo każdej

ewentualności i zapisz je w procentach. Potem zanotuj wszystko, co przemawia za każdą możliwością i przeciwko niej.

W trakcie tego procesu możesz zdać sobie sprawę, że zawyżyłaś prawdopodobieństwo tego, że twoja pierwotna obawa się spełni. Jeśli tak jest, cofnij się i popraw swoją wcześniejszą ocenę. Rób to za każdym razem, gdy jest to konieczne.

5. Po przestudiowaniu w ten sposób wszystkich opcji wróć do początku i sprawdź, które są bardziej prawdopodobne od twojej pierwotnej obawy. Uporządkuj wszystkie (łącznie z tą pierwszą) od najbardziej do najmniej prawdopodobnej.
6. Podejmij wszelkie działania, których konieczność odkryłaś w trakcie wykonywania tego ćwiczenia:
   - Gdy twoja obawa dotyczy czegoś, co ma nastąpić w przyszłości, zastanów się, czy w jakiś sposób możesz zwiększyć prawdopodobieństwo innego, bardziej pożądanego rezultatu? Jeśli w trakcie ćwiczenia odkryjesz rozwiązanie problemu, którym się zajmujesz, nie wahaj się, tylko wprowadź je w życie.
   - Jeżeli twoja obawa dotyczy interpretacji czegoś, co już się wydarzyło, zastanów się, w jaki sposób możesz zweryfikować swoją ocenę? Czasami możesz znaleźć nowe argumenty, po prostu zadając odpowiednie pytanie właściwej osobie.
7. Pod koniec każdego tygodnia przeglądaj wcześniejsze zapiski w dzienniku i sprawdzaj, jak trafnie oceniałaś prawdopodobieństwo sprawdzenia się twoich obaw. Śledź rezultaty sytuacji i wydarzeń będących przedmiotem twoich zmartwień, aby stwierdzić, ile razy doszło do tego, czego się obawiałaś, a ile razy prawdziwa okazywała się inna ewentualność z twojej listy? Gdy twoje pierwotne obawy znajdowały potwierdzenie w rzeczywistości, jak sobie z tym radziłaś? Gromadzenie informacji na ten temat bywa bardzo pouczające.

Krok 4: Załóż, że stało się najgorsze

Co robić, gdy pokonasz pierwsze etapy i wciąż nie zdołasz się pozbyć przykrego uczucia niepokoju? Nawet jeśli rozumiesz, że twoje obawy mają małe szanse, by się spełnić, sam fakt, że takie prawdopodobieństwo – nawet znikome – istnieje, może nie dawać ci spokoju. Celem kolejnego kroku jest prześledzenie zmartwień do samego końca i bezpośrednie stawienie im czoła. Na tym etapie zastanawiasz się, co by się stało, gdyby twoje pierwotne przypuszczenia okazały się słuszne. Tym razem jednak, zamiast traktować to pytanie jako retoryczne, zmuszasz się do obiektywnej odpowiedzi.

Kiedy dajemy się złapać w spiralę zmartwień, nasze obawy rosną ponad miarę. W krótkim czasie krecie kopczyki urastają do rozmiarów gór. Wpadamy w pułapkę myślenia, że jeśli nasze przypuszczenia rzeczywiście się spełnią, będzie to potworna katastrofa. Zakładamy, że nie zdołamy się z tym uporać, i nawet nie potrafimy sobie wyobrazić, co w takiej sytuacji zrobimy. Zapominamy o tych momentach z przeszłości, kiedy poradziliśmy sobie z życiowymi problemami.

Nie potrafimy też zrozumieć, że czasem rezultat, jakiego za nic byśmy sobie nie życzyli, prowadzi w końcu do czegoś wspaniałego. Przypomina mi się moja przyjaciółka szkolna, która wpadła w rozpacz, gdy się okazało, że nie została przyjęta na wymarzoną uczelnię. Skończyło się na tym, że poszła do college'u, który stawiała na drugim miejscu. Tam poznała miłość swojego życia, a po studiach osiągnęła wszystko, co miała nadzieję uzyskać w życiu zawodowym. Do dziś ona i jej mąż świętują odmowę tamtej pierwszej uczelni! Postaraj się przypomnieć sobie własne doświadczenia i sprawdź, czy nie przeżyłaś czegoś podobnego. Przypominasz sobie sytuację, w której stało się to, czego się obawiałaś, i doprowadziło do zupełnie nieoczekiwanego rozwiązania?

ĆWICZENIE PERSPEKTYWY 4:
Załóż, że stało się najgorsze

1. Kolumnę na prawo od „Dowodów" zatytułuj „Stało się najgorsze".
2. Pod spodem przepisz zdanie podsumowujące twoją pierwotną obawę.
3. Poniżej narysuj strzałkę skierowaną grotem w dół i zastanów się: Gdyby do tego doszło, co stałoby się potem? Pod strzałką zapisz odpowiedź na to pytanie, a pod spodem narysuj drugą strzałkę skierowaną grotem w dół.
4. Ponownie zadaj sobie pytanie: Gdyby to się wydarzyło, co by się stało potem? Zapisz swoją odpowiedź pod strzałką i zastanów się nad nią w ten sam sposób. Kontynuuj ten proces, dopóki nie poczujesz, że dotarłaś do ostatecznego rezultatu, którego tak się obawiasz, i nie przychodzi ci do głowy żadna kolejna odpowiedź.

5. Cofnij się na samą górę łańcucha odpowiedzi, które właśnie zapisałaś. Zacznij jeszcze raz od pierwotnej obawy i przy każdym kolejnym ogniwie zadawaj sobie następujące pytania:
   - Co by było, gdyby rzeczywiście tak się stało?
   - Co bym zrobiła, gdyby do tego doszło?
   - Co bym zrobiła, aby dać sobie radę w takiej sytuacji?
   - Jak bym sobie poradziła?
   - Jak radziłam sobie z podobnymi sytuacjami w przeszłości?
   - Co w tym zdarzeniu byłoby tak okropnego?
   - Co by się stało potem?

   Zapisz odpowiedzi na te pytania pod ciągiem zmartwień w kolumnie „Stało się najgorsze".
6. Teraz wróć i poszukaj innych możliwości dla każdego rezultatu z łańcucha zmartwień. Obok odpowiedzi z drugiego „ogniwa" wpisz co najmniej dwie inne ewentualności tego, co mogłoby się stać, gdyby spełniła się twoja pierwotna obawa. Pewnie najgorszą wymieniłaś na pierwszym miejscu, więc wśród kolejnych powinno się znaleźć dość neutralne rozwiązanie oraz jakiś wyjątkowo korzystny dla ciebie rezultat.
7. Następnie powtórz to samo przy kolejnym ogniwie łańcucha zmartwień. Wymyśl przynajmniej dwie inne opcje dla każdej odpowiedzi i zapisz je obok. Jednocześnie zastanów się nad następującymi pytaniami:
   - Która z tych trzech możliwości jest najbardziej prawdopodobna?
   - Jak dałabym sobie radę z każdą z nich?

Celem tego ćwiczenia jest dostrzeżenie nieskończonej liczby rozwiązań, do jakich może dojść, gdy spełnią się twoje wstępne obawy. Jednocześnie masz szansę się przekonać, że jesteś w stanie poradzić sobie z najgorszymi ewentualnościami, nawet gdyby sprawdziły się wszystkie czarne scenariusze z twojego łańcucha zmartwień.

Krok 5: Zbadaj nowe perspektywy

Ostatni krok polega na zebraniu wszystkich przemyśleń i wyników ciężkiej pracy, jaką wykonałaś na czterech wcześniejszych etapach. Skoro naprawdę przyjrzałaś się swoim obawom obiektywnie, czas poszukać nowej, bardziej zrównoważonej perspektywy. Powinna ona uwzględniać wszystkie odcienie szarości między skrajnymi barwami czerni i bieli. To dowiedzie, że twojej oceny sytuacji nie przesłania już tyle oczekiwań i założeń i że nie jesteś już tak niezbicie przekonana o słuszności swojego pierwotnego punktu widzenia.

ĆWICZENIE PERSPEKTYWY 5:
Zbadaj nowe perspektywy

1. Ostatnią kolumnę zatytułuj „Nowe perspektywy".
2. Ponownie przeczytaj swoje notatki z poprzednich czterech etapów i zadaj sobie następujące pytania:
   - Czy dowiedziałam się o sobie i o swoich obawach czegoś, o czym nie miałam wcześniej pojęcia?
   - Jakie inne sposoby oceny mojej sytuacji wpłynęły na mnie w największym stopniu?
3. Streść te informacje w jednym lub dwóch zdaniach i zanotuj je w kolumnie „Nowe perspektywy". Twoje podsumowanie powinno odzwierciedlać nowy punkt widzenia, bardziej obiektywny i zrównoważony od pierwotnych obaw.

Kiedy zyskasz większą wprawę w tych ćwiczeniach, ponownie przejrzyj swój dziennik, szukając powtarzających się schematów. Staraj się pamiętać o nowych perspektywach, dostrzegając spirale zmartwień podczas codziennego monitorowania myśli.

ODKRYJ, ŻE NIE MUSISZ SIĘ MARTWIĆ

W przypadku wielu kobiet martwienie się to paragraf 22. Pod wpływem obaw czują się rozdrażnione i zirytowane oraz wątpią w siebie. Jednocześnie coś każe im nadal skrycie wierzyć, że muszą się martwić, aby radzić sobie z życiem i ustrzegać się przed katastrofami. W pewnym sensie trafiają między młot a kowadło. Z tego powodu wiele z nich wybiera zmartwienia jako mniejsze zło.

Dlaczego wierzą, że muszą się martwić? Jakie korzyści widzą w zmartwieniach, skoro stale cierpią z ich powodu? Wiele nie ma poczucia, że martwienie się jest czymś, o czym mogą świadomie decydować. To tak jakby nie miały wpływu na własny umysł, który uparł się martwić bez względu na cenę, jaką trzeba za to zapłacić. Oto, dlaczego tak się dzieje: przez ogromną większość czasu obawiasz się wydarzeń, do których i tak w końcu nie dochodzi. Jednak zamiast dojść do wniosku, że w takiej sytuacji powinnaś sobie oszczędzić zmartwień, popełniasz błąd, zakładając, że to właśnie one w jakiś sposób zapobiegły nieprzyjemnym wydarzeniom. Jeśli zamartwiasz się przez większość czasu, rzadko masz okazję się przekonać, że nie stałoby się nic złego przy braku zmartwień. To samo wydarzyłoby się pewnie także w sytuacji, gdybyś nie myślała o tym nawet przez chwilę. Tymczasem twój umysł kurczowo trzyma się zmartwień, traktując je jako strategię zapobiegania kolejnym katastrofom.

Oto lista powszechnych opinii na temat obaw, opracowana na podstawie badań Penn State University*:

- Obawy pomagają mi się zmotywować do zrobienia tego, co muszę zrobić.
- Martwienie się pomaga skutecznie rozwiązywać problemy.
- Jeśli czymś się martwię, to gdy rzeczywiście zdarzy się coś złego, będę na to lepiej przygotowana.
- Kiedy się czymś martwię, mam większe szanse znaleźć sposób uniknięcia czegoś złego lub wyeliminowania tego.
- Moje zmartwienia są sposobem na oderwanie się od wywołujących jeszcze większe emocje problemów, o których nie chcę myśleć.
- Może to nieprawda, ale czuję, że jeśli się czymś martwię, obawy te zmniejszają ryzyko, że stanie się coś złego.

Jeśli którekolwiek z tych stwierdzeń brzmi znajomo lub masz wrażenie, że nie panujesz nad zmartwieniami, możesz przerwać błędne koło. Przestudiuj te opinie, traktując każdą jak założenie i analizując według wszystkich kroków, jakie poznałaś w tym rozdziale. Przyglądając się im po kolei, weź pod uwagę następujące sugestie:

---

* Przedruk za: „Journal of Behavior Therapy and Experimental Psychiatry", t. 26; Borkovec i Roemer, *Perceived functions of worry among generalized anxiety disorder subjects: Distraction from more emotionally distressing topies?*, s. 25–30, copyright 1995, za zgodą Elsevier.

1. Porównaj ten okres w swoim życiu, kiedy bardzo się martwiłaś, z okresem, kiedy nie martwiłaś się prawie wcale. Czy rzeczywiście byłaś w lepszej sytuacji, kiedy się obawiałaś i próbowałaś przewidzieć wszystkie, nawet najmniejsze problemy?
2. Jeśli wszystko skończyło się lepiej, niż się spodziewałaś, czy wynik nie byłby taki sam, gdybyś nie martwiła się tym tak bardzo?
3. Czy problemy można skutecznie rozwiązywać, nie martwiąc się nimi wcześniej?
4. Jak możesz motywować się do działania bez lęku i przykrych obaw? Może wystarczy, jeśli obiecasz sobie nagrodę za doprowadzenie pewnych zadań do końca?
5. Dobrze jest mieć świadomość tego, co w d a n e j c h w i l i dzieje się wokół nas. Sprawdź, czy nie przeoczyłaś jakiejś ważnej informacji, gdy twoje myśli zaprzątnięte były zmartwieniami. Strategie, które ci w tym pomogą, poznasz w rozdziale 7.

Analizując swoje zmartwienia według pięciu kroków, których nauczyłaś się w tym rozdziale, zastanów się, ile tracisz, zbytnio się czymś martwiąc, i porównaj to z korzyściami, jakie zauważasz. Jakie są minusy kurczowego trzymania się przekonania, że martwienie się jest potrzebne? Do stresów, jakie powodują zmartwienia, dokłada się jeszcze to, że nie pozwalają ci dostrzec, iż możesz poradzić sobie w różnych sytuacjach i bez obaw kierować swoim życiem.

Rozdział 5

STAW CZOŁO OBAWOM

PROBLEM Z UNIKANIEM

Kiedy się martwisz, dużo myślisz o tym, czego się lękasz, ale twój umysł krąży wokół problemu, zamiast stawić mu czoło. Jednak ty już zaczęłaś to robić, analizując swoje zmartwienia według pięciu kroków z poprzedniego rozdziału. Przyjrzałaś się swoim myślom, sprowadzając nieokreślone lęki do konkretów, rozważając inne możliwości, analizując dowody, zastanawiając się nad najgorszym rozwiązaniem i poznając nowe perspektywy. Twój wysiłek przyniesie jeszcze większe korzyści, jeśli poprzesz go odpowiednim postępowaniem. Ten rozdział nauczy cię, jak konfrontować się z obawami, zmieniając sposób działania.

Zmiana zachowania jest ważnym elementem pomagającym uwolnić się ze spirali zmartwień. Kiedy ulegasz chęci ucieczki przed pewnymi sytuacjami, umacniasz w sobie skryte przekonanie, że są one groźne i rzeczywiście mogłabyś nie dać sobie rady. Z czasem samo unikanie jakiegoś problemu może sprawić, że zaczyna on budzić w nas lęk. Prawdopodobnie mogłabyś zaszczepić w sobie wiele nowych obaw, celowo unikając rzeczy, których teraz się nie boisz.

Takie postępowanie dodatkowo potęguje zmartwienia. Jeśli uciekasz przed pewnymi sytuacjami z obawy przed ich rezultatem, nigdy się nie dowiesz, co by się stało, gdybyś stawiła im czoło. Pozbawiasz się szansy sprawdzenia, jak byś sobie poradziła. Kiedy postanawiasz czegoś uniknąć, przez moment doznajesz ulgi. Jednocześnie jednak czujesz się pozbawiona energii i bezsilna, jak ktoś, kto nie potrafi zapanować nad własnym postępowaniem. W końcu się zniechęcasz i poddajesz niejasnemu poczuciu bezradności. Właśnie w ten sposób unikanie powoli niszczy twoją wiarę w siebie.

Wykonując ćwiczenia przedstawione w tym rozdziale, pamiętaj, że ich celem nie jest zyskanie poczucia komfortu. Przeciwnie, każde z nich zostało tak pomyślane, aby pomóc ci wyjść poza strefę, w której czujesz się bezpiecznie. Podchodź do nich z otwartym umysłem, a przekonasz się, że jesteś w stanie poradzić sobie ze wszystkim. Musisz sobie uświadomić, że nawet najtrudniejsze emocje nie mogą cię zniszczyć. Wszyscy mamy zdolność odczuwania intensywnego strachu, który pomaga nam uciec przed sytuacjami zagrażającymi naszemu życiu. Od czasu do czasu możesz czuć potrzebę uniknięcia prawdziwego niebezpieczeństwa i w takim przypadku tego typu zachowanie chroni cię tak, jak powinno. Zazwyczaj jednak ludzie nie muszą unikać śmiertelnych niebezpieczeństw, tylko sytuacji, które wywołują u nich dyskomfort.

Pamiętaj, że odwaga to działanie pomimo lęku, a nie życie bez strachu. Według znanego psychologa Stanleya Rachmana odważny jest ten, kto działa pomimo obaw, a nie ten, kto się nie boi. Nie myśl, że jesteś tchórzem lub słabeuszem, bo masz trudności w sytuacjach, których inni się nie lękają. Lepiej podczas każdego ćwiczenia postrzegaj siebie jako odważną, bez względu na wynik.

POSTĘPUJ ODWAŻNIE: JAK STAWIĆ CZOŁO TEMU, CZEGO SIĘ LĘKASZ

Dzięki ćwiczeniom z tego rozdziału uświadomisz sobie, czego dokładnie unikasz. Nauczysz się z determinacją podchodzić do sytuacji, których się obawiasz, stosując strategię zwaną drabiną śmiałości [ang. *exposure* – wystawienie na działanie czegoś, kontakt z czymś]. Zaczniesz od najłatwiejszych zadań i stopniowo będziesz przechodziła do tych, które są dla ciebie większym wyzwaniem. Przestaniesz się czuć skrępowana i zrozumiesz, że masz siłę i możesz kierować swoim działaniem.

Określ, jakich sytuacji unikasz

Zanim będziesz mogła stawić czoło swoim obawom, musisz najpierw dokładnie określić, czego unikasz. Osobom, które stale się zamartwiają, może to przysporzyć trudności, ponieważ ich lęki rzadko dotyczą tylko jednej lub dwóch rzeczy. Może obawiasz się przedmiotów, sytuacji lub czynności, których boi się wielu ludzi. Lęk wysokości, strach przed podróżą samolotem, wężami czy dentystą należą do najczęstszych fobii. Wszelkie postępy w ich pokonywaniu dodadzą ci pewności siebie i pozwolą sprostać sytuacjom ściśle z nimi związanym.

Sferą, w której nie brak przykładów zachowań podyktowanych chęcią uniknięcia czegoś lub kogoś, są sytuacje oraz kontakty towarzyskie. Może nie chcesz brać udziału w większych zgromadzeniach, podczas których obecnych jest mnóstwo ludzi. Jeśli przejmujesz się tym, co inni o tobie pomyślą, boisz się, że ktoś cię nie polubi, lub poświęcasz mnóstwo energii, próbując zadowolić osoby ze swojego otoczenia, najprawdopodobniej unikasz pewnych interakcji. Do najbardziej oczywistych przykładów należą przyjęcia, randki, oficjalne kolacje, rozpoczynanie rozmowy i przejmowanie inicjatywy w kontaktach z innymi. Jednak wiele kobiet unika też bardziej subtelnych rodzajów interakcji, na przykład wyrażania poglądów, stawania w obronie własnych przekonań, przedstawiania przyjaciółce szczerej opinii na jakiś temat czy wyjawiania intymnych, osobistych szczegółów kochanemu człowiekowi. Zwracaj uwagę na te sytuacje, w których czujesz, że powstrzymujesz się przed czymś w obecności innych osób.

Inną sferą, w której nie brak przykładów zachowań stymulowanych odruchem ucieczkowym, są same obawy:

- Jakich sytuacji unikasz pod wpływem swoich lęków?
- Może boisz się odmawiać innym osobom lub o coś prosić, ponieważ obawiasz się, co sobie pomyślą?
- Unikasz oglądania wiadomości, czytania gazet lub słuchania radia, bo boisz się, że znajdziesz tam jeszcze więcej powodów do zmartwień?
- Nie chcesz oglądać niektórych filmów, bo obawiasz się, że obudzą w tobie głęboko ukryte emocje?
- Wolisz nie siadać za kierownicą, kiedy usłyszysz o jakimś wypadku samochodowym?

Poprzedni rozdział pozwolił ci zapewne odkryć sytuacje, w których mogłabyś spytać kogoś o opinię i zebrać więcej informacji na temat swoich obaw. Postaraj się znaleźć przykłady przypadków, kiedy zdanie innej osoby dałoby ci jaśniejszy obraz tego, czy twoje lęki były uzasadnione. Weź też pod uwagę wszystkie te sytuacje, które, gdybyś odważyła się wziąć w nich udział, dostarczyłyby ci informacji mogących położyć kres twoim zmartwieniom.

I jeszcze jedna uwaga na temat postępowania w sytuacjach, których się obawiasz: jeśli instynkt podpowiada ci, że określone okoliczności lub osoby mogą fizycznie ci zagrażać, rób to, co nakazuje ci zdrowy rozsądek i jasna ocena położenia. Poniższe ćwiczenia pomogą ci stawić czoło temu, co wywołuje u ciebie dyskomfort, abyś mogła przezwyciężyć strach i obawy, które cię ograniczają. Nie ma to nic wspólnego z unikaniem rzeczywistego niebezpieczeństwa. Samotne spacery ciemnymi uliczkami, konfrontacja z członkiem rodziny, który fizycznie cię skrzywdził, czy kontakty z byłym partnerem, który ci groził, to przykłady sytuacji, jakich dla własnego bezpieczeństwa powinnaś unikać.

ĆWICZENIE PRZEZWYCIĘŻANIA OBAW I: Określ konkretne sytuacje

1. Weź nową kartkę papieru i pomyśl o wszystkich czynnościach i sytuacjach, których unikasz dlatego, że wywołują twój dyskomfort. Podziel stronę na trzy kolumny. Pierwszą zatytułuj „Fobie", drugą – „Sytuacje społeczne", a trzecią „Czynności codzienne". Zapisz każdą sytuację lub czynność w odpowiedniej kolumnie. Koniecznie zanotuj wszystko, co przyszło ci do głowy podczas dotychczasowej lektury.
2. Z przedstawionej poniżej tabeli sytuacji i czynności, jakich unikają inni, wybierz te, które dotyczą ciebie. Uzupełnij swoją listę, wpisując je w odpowiednie kolumny.

Fobie	Sytuacje społeczne	Codzienne czynności
Węże lub pająki	Rozmowy z ludźmi	Oglądanie, czytanie lub słuchanie wiadomości

Inne zwierzęta	Spotykanie nowych osób	Prowadzenie samochodu
Duże wysokości	Obrona własnego zdania	Wyjazdy z domu
Latanie samolotem	Przyjęcia	Zostawianie dzieci z opiekunką
Windy	Zebrania	
Dentysta	Randki	
Igły	Publiczne wystąpienia	

3. Następnie przejrzyj wpisy w swoim dzienniku. Postaraj się znaleźć takie wydarzenia lub sytuacje, których próbowałaś uniknąć lub przed którymi niemal umknęłaś. Nie spiesz się. Wymień tyle, ile zdołasz. Jeśli później przypomnisz sobie coś, czego nie zanotowałaś, po prostu dodaj to do listy. Uzupełniaj listę zawsze, gdy odkryjesz inne sytuacje, których wolałabyś uniknąć.

Zbuduj drabinę śmiałości

Skoro już określiłaś konkretne sytuacje, jakich unikasz lub wolałabyś uniknąć, czas uporządkować je od najłatwiejszych po najbardziej onieśmielające. Jeśli odkryłaś, że uciekasz przed wieloma rzeczami i sprawami, możesz poczuć się przytłoczona i zwątpić, czy zdołasz poradzić sobie ze wszystkimi. Rzeczywiście, myśl, że masz się rozprawić z mnóstwem sytuacji wywołujących odruch ucieczkowy, jest przytłaczająca. Dlatego zacznij od tych, z którymi uporasz się najłatwiej. Kiedy poczujesz, że pokonałaś już ten próg, możesz przejść do kolejnych. Takie podejście „krok po kroku" jest bardzo ważne.

Ludzie często stwierdzają, że gdy zaczną stawiać czoło najprostszym sytuacjom, jakich wcześniej unikali, te trudne także wydają się możliwe do opanowania. Dzieje się tak dlatego, że nabierają rozpędu, w miarę jak rośnie ich pewność siebie. Nie zniechęcaj się, jeśli się okaże, że musisz sprostać wielu sytuacjom. Za każdym razem, gdy poradzisz sobie z kolejną, zrealizujesz nowe cele i stawisz czoło swoim obawom, zapobiegając potencjalnej spirali zmartwień. Twój nowy sposób życia zacznie się utrwalać i poczujesz, że podołanie pozostałym sytuacjom jest coraz bardziej możliwe.

ĆWICZENIE PRZEZWYCIĘŻANIA OBAW 2: Zbuduj drabinę śmiałości

1. Przejrzyj listę, którą sporządziłaś w pierwszym ćwiczeniu tego rozdziału, i oceń stopień trudności każdego punktu. Zastanów się, jak duży niepokój budzi w tobie jakaś czynność lub sytuacja. Skorzystaj z tej samej skali od 0 do 100, jakiej używałaś w rozdziale 3 w codziennym monitorowaniu myśli.
2. Kiedy już ocenisz każdą sytuację lub czynność z listy, uporządkuj je od najniższego wskaźnika niepokoju po najwyższy. Jeśli jest ich sporo, możesz przepisać je w odpowiednim porządku na nowej stronie.
3. Na oddzielnej kartce narysuj szeroką drabinę z tyloma szczeblami, ile sytuacji i czynności wymieniłaś w poprzednim ćwiczeniu. Najlepiej zrób to ołówkiem – dzięki temu będziesz mogła wprowadzać ewentualne poprawki. Jeżeli twoja lista jest naprawdę długa, pogrupuj wymienione sytuacje i czynności według typów.
4. Na najniższym szczeblu wpisz sytuację lub czynność o najniższym wskaźniku lęku, drugą na następnym i tak dalej, aż wszystkie pozycje z listy zostaną wpisane w drabinę. Jeżeli większość opatrzyłaś bardzo wysokimi wskaźnikami poziomu niepokoju, na niższych szczeblach umieść łatwiejsze ich wersje. Na przykład łatwiejszą wersją sytuacji, w której masz poprosić szefową o podwyżkę, jest zapytanie w poniedziałek o to, jak minął jej weekend. Na twojej drabinie mogą się znaleźć także te czynności i sytuacje, z którymi sobie radzisz, choć wywołują w tobie niepokój.

Po kolei stawiaj czoło obawom

Teraz jesteś gotowa stawić czoło sytuacjom według ustalonej przez siebie hierarchii, wspinając się szczebel po szczeblu po swojej drabinie śmiałości. Wybierz pierwszą sytuację i zaplanuj dokładnie, kiedy i jak zamierzasz sobie z nią poradzić. Gdy zbliża się ta pora, pamiętaj, aby nie tłumić w sobie żadnych uczuć, jakie towarzyszą próbowaniu czegoś nowego i budzącego lęk. Nie walcz z tym, uznając, że musisz się czuć komfortowo i spokojnie. Z drugiej strony, nie podchodź do kolejnych ćwiczeń tak, jakby od nich zależało twoje życie, bo w ten sposób zwiększysz swoje początkowe obawy. Metoda robienia czegoś na siłę tylko utrudni ci zadanie. Może już się o tym przekonałaś, próbując za wszelką cenę stawić czoło budzącym strach sytuacjom tylko po to, by później lękać się ich jeszcze bardziej. Zamiast tego postaraj się połączyć naturalny dyskomfort i ekscytację, jaka towarzyszy próbowaniu nowych rzeczy, z uczuciem dumy i odwagą.

Podczas ćwiczenia świadomie zwracaj uwagę na myśli, jakie przychodzą ci do głowy. Czy sama próbujesz się przekonać, że nie poradzisz sobie z jakąś sytuacją, z uczuciem strachu lub z innymi trudnymi emocjami? Śledź swoje myśli i nie zapominaj, że są tylko myślami. Tylko w ten sposób zmienisz swoje podejście do danej sytuacji, zamiast na nowo powtarzać wszystkie budzące lęk interpretacje, które automatycznie pojawiają się w twojej głowie.

ĆWICZENIE PRZEZWYCIĘŻANIA OBAW 3: Po kolei stawiaj czoło obawom

1. Wybierz sytuację lub czynność z najniższego szczebla swojej drabiny śmiałości.
2. Obmyśl dokładnie, gdzie, kiedy i jak spróbujesz stawić jej czoło. Oczywiście zależy to od rodzaju sytuacji. Na przykład kobieta lękająca się sytuacji towarzyskich może wybrać na początek zagajenie rozmowy z określoną osobą z pracy. Natomiast ta, która boi się prowadzenia samochodu, może postanowić wrócić z zakupów do domu dłuższą drogą.
3. Kiedy przyjdzie wyznaczona pora, przystąp do realizacji swojego planu. Chwilę wcześniej oceń poziom odczuwanego lęku w skali od 0 do 100.
4. Postaraj się w jak największym stopniu skupić na tym, co dzieje się wokół ciebie oraz w tobie. Wytrwaj w danej sytuacji tak długo, jak zdołasz – dopóki nie zrealizujesz tego, co sobie założyłaś, lub dopóki sytuacja sama się nie rozwiąże w naturalny sposób. Potem od razu ponownie oceń poziom lęku, jaki odczuwasz.

5. Wróć do tego doświadczenia po jakimś czasie. Powtarzaj je tak długo, jak długo dana czynność będzie wywoływała w tobie lęk o wskaźniku powyżej dziesięciu punktów.
6. Jeśli poziom odczuwanego lęku nie zmniejsza się po kolejnych próbach, zastanów się, czy mimowolnie nie tworzysz negatywnych przekonań. Które z twoich myśli na temat ćwiczenia lub twojej zdolności wykonania go sprawiają, że czujesz się gorzej? Jeśli podejmiesz próbę i poczujesz lęk, nie oznacza to, że ci się nie powiodło. Pamiętaj, że masz czuć dyskomfort, a nie swobodę. Porażką jest jedynie rezygnacja z ćwiczenia – jeśli tak się stanie, po prostu spróbuj jeszcze raz. Może za wysoko stawiasz poprzeczkę.

   Wybierz łatwiejszą wersję czynności, której się obawiasz. Dzięki temu łatwiej ją wykonasz. Na przykład powiedzmy, że chciałaś nawiązać rozmowę z szefową, ale zrezygnowałaś, ponieważ poczułaś, że to ponad twoje siły. Zanim podejmiesz kolejną próbę, spróbuj najpierw zagaić rozmowę ze współpracownikiem. Pamiętaj, że sukces w tego typu ćwiczeniach polega na tym, że zbierasz się na odwagę, aby je wykonać; reakcje innych osób są dla ciebie nieistotne.
7. Gdy pokonasz pierwszy szczebel swojej drabiny śmiałości, wejdź na następny. Postępuj według tych samych kroków:
   - Zaplanuj dokładnie, gdzie, kiedy i jak zamierzasz sprostać danej sytuacji.
   - Zrealizuj swój plan, oceniając poziom odczuwanego lęku przed i po doświadczeniu.
   - Powtarzaj ćwiczenie, dopóki dana sytuacja nie przestanie budzić w tobie obaw (poziom około 10 punktów na skali).
   - Stale pnij się po drabinie w górę, szczebel po szczebelu.

WYKRACZAJ POZA SWOJĄ STREFĘ KOMFORTU

Konfrontacja z sytuacjami, których zazwyczaj się obawiasz i unikasz, jest bardzo ważna. Możesz jednak pójść w ćwiczeniach o krok dalej i spróbować sił w zupełnie nowych i nie znanych ci sytuacjach. Jeśli od czasu do czasu zrobisz coś nowego, doda ci to pewności siebie i zapobiegnie ewentualnym unikom w przyszłości.

Przychodzi ci może do głowy coś, czego zawsze chciałaś spróbować? Czasem najmniejsze zmiany w rutynie mają ogromne znaczenie, jeśli skłaniają cię do opuszczenia strefy komfortu. Zapisz się na kurs, o którym od dawna myślałaś, zamów coś innego w ulubionej restauracji, spróbuj nowego hobby – właśnie takie rzeczy urozmaicają życie i sprawiają, że nie gnuśniejemy. Gdy stwierdzasz, że wybierasz bezpieczne rozwiązania i trzymasz się tego, co już znasz, zmuś się do zrobienia czegoś odmiennego. Jeśli nowe doświadczenia i szanse pojawiające się na twojej drodze wywołują w tobie obawy, zadaj sobie pytanie, czy możesz coś stracić, próbując swoich sił. Jeśli nie, skorzystaj z okazji. Im mniej trzymasz się rutyny, tym bardziej jesteś elastyczna. Poza tym udowadniasz sobie, że życie może być pełne wyborów i możliwości, a nie sterowane wyłącznie wątpliwościami i obawami.

ZREZYGNUJ Z ZACHOWAŃ NAKRĘCAJĄCYCH SPIRALĘ ZMARTWIEŃ

Osoby, które stale czymś się martwią, nie tylko unikają pewnych sytuacji i czynności, ale też robią określone rzeczy, aby czuć się bezpiecznie. Wprawdzie na krótką metę czują się z tym lepiej, lecz jednocześnie umacniają skryte przekonania, że zmartwienia są potrzebne. Taka postawa może zniweczyć twoje wysiłki wyrwania się ze spirali zmartwień. Do najczęstszych zachowań, które dają fałszywe poczucie bezpieczeństwa, należą: bezustanne sprawdzanie różnych rzeczy, przychodzenie na spotkania z dużym wyprzedzeniem, dzwonienie do bliskich, żeby się upewnić, czy są bezpieczni, albo ciągłe szukanie u innych potwierdzenia swoich obaw.

Regina: Przesądna i wykończona

Weźmy na przykład Reginę, dwudziestopięcioletnią, świeżo upieczoną mamę z Kansas. Praca jej męża – handlowca w branży elektronicznej – wymagała od niego comiesięcznych wyjazdów, które za każdym razem trwały około tygodnia. Regina zawsze panicznie się bała dnia jego wyjazdu. Zostawała w domu sama z małą córeczką, pełna niepokoju. Kiedy tylko mąż wychodził, zaczynało się: „A jeśli nie zdąży na samolot? Albo w hotelu zapodziali jego rezerwację? A jak zostawi teczkę w hotelu i pójdzie na spotkanie nieprzygotowany?" Regina nauczyła się radzić sobie ze swoimi obawami, dzwoniąc do męża, zawsze kiedy sądziła, że może odebrać komórkę. Rano upewniała się, czy zdąży na samolot, potem w porze, kiedy miał się zameldować w hotelu, sprawdzała, czy dostał pokój, i następnego ranka kilka razy przypominała mu o zabraniu teczki. Coraz częściej próbowała kontaktować się z nim przez telefon, kurczowo trzymając się cennego poczucia ulgi, jakie dawała jej świadomość, że wszystko jest w porządku.

Pewnego razu mąż zapomniał naładować baterię komórki i telefon wyłączył się jeszcze przed dotarciem na lotnisko. Kiedy Regina stwierdziła, że nie może się z mężem skontaktować, jej zmartwienia osiągnęły nowy poziom intensywności. Przez cały dzień zadręczała się i denerwowała, z trudem skupiając się na córeczce. W końcu mąż zadzwonił do niej z hotelu, tylko po to, by wysłuchać wyrzutów z powodu zapominalstwa. Zapłakana Regina odłożyła słuchawkę, żałując, że nie wie, jak zmienić swoje podejście.

Dopiero terapeuta pomógł jej uwolnić się od takich zachowań. Zaczęła od dokładnie zaplanowanych ćwiczeń, które polegały na tym, że mogła dzwonić do męża tylko dwa razy dziennie. Poza tym dzwoniła o ustalonych wcześniej porach, a nie pod wpływem impulsu, który kazał jej upewniać się, czy wszystko jest w porządku. Zamiast napędzać spiralę zmartwień, nauczyła się analizować własne myśli i wierzyć, że mąż potrafi dać sobie radę z problemami, jakie napotka. Analizowała, co się działo, kiedy telefonowała do męża, i porównywała to z sytuacjami, kiedy do niego nie dzwoniła. Choć dotąd nigdy nie uważała się za osobę przesądną, odkryła w sobie silne przeświadczenie, że jej telefony w jakiś sposób strzegą męża przed katastrofami. Po jakimś czasie, kiedy mąż wyjeżdżał, Regina dzwoniła do niego już tylko raz dziennie, wieczorem. Zamiast zamartwiać się o niego, cieszyła się chwilami spędzanymi z córeczką i czekała na jego powrót.

Może ta historia brzmi znajomo albo przypomina jedną z twoich spirali zmartwień? Zrezygnuj na jakiś czas z zachowania, które daje ci poczucie bezpieczeństwa, i przekonaj się, co będzie. Jak sądzisz, co może się stać, jeśli nie sprawdzisz czegoś trzy razy lub nie zyskasz zapewnienia przyjaciół, że niepotrzebnie się martwisz? Przeanalizuj to, korzystając ze strategii, jakie poznałaś w rozdziale 4. Przeprowadź doświadczenie, porównując, co się dzieje, gdy uciekasz się do zachowań, które dają ci poczucie bezpieczeństwa, z tym, co ma miejsce, kiedy podobnych zachowań unikasz. Oczywiście na początku czujesz dyskomfort, ale czy rezultaty są odmienne? Zastanów się, jaką cenę płacisz za chwilowe poczucie ulgi. Regina przekonała się, że jej postępowanie nie tylko sprawiało, że martwiła się jeszcze bardziej, ale też uniemożliwiało jej zwyczajną rozmowę z mężem, kiedy kontaktowali się telefonicznie.

Rezygnując z zachowań nakręcających spirale zmartwień, uwolnisz się od obaw i nie pozwolisz im narastać. Poza tym będziesz miała więcej energii, aby zrobić w życiu coś naprawdę wartościowego.

Rozdział 6

ODPRĘŻ CIAŁO I UMYSŁ

ZBAWIENNY WPŁYW RELAKSACJI

Masz już trochę wprawy w analizowaniu myśli, uczuć, doznań fizycznych i zachowań, które składają się na spirale zmartwień. Za każdym razem, gdy wychwytujesz taki mechanizm we wczesnym stadium, masz szansę odwrócić cały proces. Rozdział 4 nauczył cię, jak pokonać niespokojne myśli, a rozdział 5 pokazał, jak radzić sobie z zachowaniami wywołanymi przez narastające zmartwienia i jak pokonać chęć unikania różnych sytuacji. Teraz poznasz metody relaksacji, które pomagają uwolnić się od subiektywnych odczuć towarzyszących stanowi ciągłego napięcia, jakiego często doświadczają osoby skłonne do obaw.

Napięcie mięśni nierzadko towarzyszy zmartwieniom. Zauważyłaś, że pod koniec stresującego dnia boli cię kark lub głowa? Dzieje się tak dlatego, że napinasz pewne grupy mięśni, nawet nie zdając sobie z tego sprawy. Przyczynia się to do wielu fizycznych dolegliwości, takich jak ucisk w żołądku, trudności w oddychaniu oraz kłopoty żołądkowo-jelitowe (biegunki, mdłości lub zaparcia). Istnieją też emocjonalne skutki uboczne. Napięcie nakręca spiralę zmartwień, przez co twój umysł łatwiej daje się wciągnąć w lawinę niespokojnych myśli. O wiele łatwiej jest brać życie takim, jakie jest, kiedy jesteśmy zrelaksowani. Cofnij się myślami do okresu, kiedy czułaś się wyjątkowo odprężona. Czy wtedy tak samo łatwo dawałaś się złapać w spiralę zmartwień?

Celem tego rozdziału jest zapoznanie cię z metodami relaksacji, które pomogą ci przejść przez życie z większym spokojem. Regularne ćwiczenia odprężające mają za zadanie obniżyć ogólny poziom napięcia. Ważne jest takie opanowanie umiejętności relaksacji, abyś mogła szybko z nich skorzystać, gdy stwierdzisz, że wpadłaś w spiralę zmartwień. Nauczysz się rozluźniać mięśnie, tworzyć odprężające obrazy w wyobraźni i oddychać w sposób, który uspokaja zarówno ciało, jak i umysł. Najlepiej wypróbuj wszystkie te metody, ćwicząc każdą z nich sumiennie przez jakiś czas, zanim podejmiesz decyzję, która najlepiej się sprawdza w twoim przypadku. Nie dziw się, jeśli jakiejś będziesz musiała poświęcić więcej czasu niż pozostałym.

KIEDY RELAKSACJA JEST NIEPOŻĄDANA

Większość specjalistów zajmujących się zaburzeniami lękowymi zgadza się co do tego, że relaksacji nie wolno stosować w celu stłumienia uczuć i doznań związanych z lękiem podczas ćwiczenia śmiałości. Wielu jest nawet zdania, że musisz doświadczyć pełnej reakcji strachu i pozwolić jej biec naturalnym rytmem, aby się przekonać, że sytuacja, w jakiej się znalazłaś, w rzeczywistości wcale nie jest niebezpieczna. Dotyczy to wszystkich ćwiczeń z rozdziału 5. Próby zagłuszenia obaw poprzez relaksację i tak najprawdopodobniej przyniosłyby skutek odwrotny do zamierzonego. Metody rozluźniające nie są cudownym lekiem, który ocali cię przed tym, co czujesz. Relaksacja jest trochę paradoksalna: im bardziej starasz się odprężyć, tym mniejsza jest szansa, że ci się to uda. Przypomnij sobie chwile, kiedy czułaś, że koniecznie musisz się rozluźnić. Jak skuteczne były wtedy twoje wysiłki?

Metody relaksacji mogą ci pomóc w sprostaniu codziennym stresom i trudom. Kiedy nie wiesz, czy powinnaś skorzystać z ćwiczeń relaksacyjnych, szczerze odpowiedz sobie na następujące pytania:

- Czy chcę się odprężyć, żeby poczuć większy spokój, skoncentrować się i lepiej poradzić sobie z sytuacją, w jakiej się znalazłam, doświadczając jej głębiej i z większą otwartością?
- Czy też pragnę tylko uratować się przed niewygodnymi uczuciami lub strachem?

Jeśli odpowiedź na pierwsze pytanie jest twierdząca, możesz spróbować relaksacji. Jeśli jednak odpowiesz „tak” na pytanie drugie, lepiej nie broń się przed strachem, zamiast próbować go przepędzić ćwiczeniami relaksacyjnymi.

Regularnie ćwicz umiejętność odprężania się, a po krótkim czasie będziesz mogła z niej korzystać, aby uspokoić się w ciągu dnia, zwłaszcza kiedy zauważysz narastającą spiralę zmartwień.

ODDYCHAJ POWOLI I GŁĘBOKO

Oddychanie jest czynnością wyjątkową: musimy oddychać, żeby żyć. Dlatego potrafimy oddychać automatycznie, bez świadomości, że to robimy, na przykład podczas snu. Jednocześnie możemy w dużym stopniu celowo kontrolować oddech. Ponieważ jest to czynność wrodzona i automatyczna, większość osób przyzwyczaja się do oddychania w określony sposób, nawet o tym nie wiedząc. Aktywność fizyczna oraz stresujące wydarzenia mogą na krótko zmienić ten rytm. Są jednak osoby, które zawsze oddychają trochę szybciej, niż wymaga ich organizm. Zazwyczaj ich oddechy są płytsze i bierze w nich udział głównie klatka piersiowa. Dotyczy to przede wszystkim osób skłonnych do zaburzeń lękowych i zamartwiania się. Niegroźne skutki przyspieszonego oddychania z czasem narastają. W końcu dochodzi do hiperwentylacji drastycznie wpływającej na organizm i mózg.

Zazwyczaj ludzie oddychają po części piersią i przeponą. Oddech klatką piersiową wpływa na organizm w zupełnie inny sposób niż oddychanie przeponowe. Powolne i głębokie oddychanie przeponą jest prostą i jednocześnie bardzo skuteczną metodą relaksacji. Kiedy oddychasz głównie piersią, stymulowana jest część układu nerwowego odpowiedzialna za pobudzenie i rytm serca. Poza tym pracę wykonują głównie mięśnie klatki piersiowej, które nie są tak dobrze przystosowane do tego zadania jak niektóre mięśnie brzucha. W skrajnych przypadkach oddychania samą klatką piersiową można odczuwać ucisk lub ból w piersiach, gdy mięśnie stają się zmęczone.

Głębokie oddychanie przeponą stymuluje tę część układu nerwowego, która odpowiada za spowalnianie funkcji życiowych oraz umożliwia odpoczynek i relaksację. Twoje serce bije wtedy wolniej, a układ trawienny łatwiej wchłania spożywane pokarmy. Ten rodzaj oddechu angażuje przeponę – szeroki, płaski mięsień usytuowany u podstawy żeber, najlepiej przystosowany do oddychania. Niektórzy nazywają ten rodzaj relaksacyjnej techniki oddechowej oddechem przeponowym. Zwróciłaś kiedyś uwagę, jak oddycha małe dziecko śpiące na plecach? Oddech zaczyna się od brzucha, który mocno się unosi, po czym opada powolnym i płynnym ruchem.

Celem tej metody relaksacji jest ponowne nauczenie twego ciała oddychania w taki właśnie sposób. Czasem wymaga to sporo wysiłku i cierpliwości. Może będziesz musiała zwalczyć silny nawyk płytkiego oddechu piersią. Ćwiczenia pomogą ci utrwalić nowy zwyczaj powolnego i pełnego oddychania przeponą. Możesz też wypracować przyzwyczajenie częstego kontrolowania oddechu i powracania do oddychania przeponą, jeśli stwierdzisz, że wciągasz powietrze szybko, płytko i nieregularnie. Poza tym jest to doskonały sposób na przerwanie spirali zmartwień, jeśli dostrzeżesz ją podczas regularnego monitorowania myśli.

ĆWICZENIE RELAKSACYJNE I: Oddychaj powoli i głęboko

1. Połóż jedną dłoń na piersi, a drugą na brzuchu (pod mostkiem). Oddychaj naturalnie. Która z dłoni się porusza? Czy obie unoszą się w takim samym stopniu? To szybki i prosty sposób na przekonanie się, czy oddychasz głównie piersią czy przeponą.
2. Następnie spróbuj zmienić oddech tak, aby poruszała się tylko dłoń na brzuchu. Staraj się, aby ręka na piersi pozostawała jak najbardziej nieruchoma. Wyobraź sobie, jak każdy haust powietrza wędruje prosto do brzucha, który przy każdym wdechu się rozszerza. Jeśli to nie zdaje egzaminu, świadomie wypnij odrobinę brzuch, zanim zrobisz wdech. To zrobi miejsce wchodzącemu do płuc powietrzu. Mięśnie brzucha powinny być jak najbardziej rozluźnione. Możesz zdjąć dłonie z piersi i brzucha, gdy poczujesz, na czym polega ten sposób oddychania.
3. Postaraj się, aby twój oddech był spokojny i płynny. Niech wypełnia cię stopniowo i równomiernie. Nie wciągaj powietrza zbyt szybko. Podczas wydechu wypuszczaj je powoli i miarowo. Może ci to ułatwić oddychanie tylko przez nos. Wyobrażaj sobie, jak powietrze powoli wydostaje się na zewnątrz podczas wydechu. Możesz zrobić chwilę przerwy między każdym wdechem i wydechem.

4. Ćwicz tę technikę oddechową przynajmniej raz dziennie przez mniej więcej dziesięć minut. Najlepiej rób to dwa razy w ciągu dnia. Podczas każdej sesji powinnaś wygodnie siedzieć lub leżeć i zadbać o to, by nikt ci nie przeszkadzał. Większości osób pomaga zamknięcie oczu – dzięki temu mniej się rozpraszają.
5. Każdą sesję zaczynaj od normalnego oddechu. Wczuj się we wrażenia, jakie temu towarzyszą. Zwróć uwagę na to, w jak dużej mierze oddychasz piersią zamiast przeponą. Następnie zacznij w jak największym stopniu oddychać przeponą. Skup się na tym, aby każdy oddech był spokojny i płynny.
6. Kontynuując oddychanie przeponowe, postaraj się, aby wdechy i wydechy były powolne i miarowe. W przypadku większości osób powolne oddychanie oznacza od ośmiu do dziesięciu oddechów na minutę. Poeksperymentuj trochę z tempem wdechów i wydechów, aby znaleźć to, które najbardziej ci odpowiada. W tym celu licz w myślach do czterech przy każdym wdechu i potem znowu do czterech przy wydechu. Jeśli to dla ciebie za długo, spróbuj liczyć do trzech. Licz i oddychaj w ten sposób przez dziesięć minut.
7. Jeśli podczas ćwiczenia zaczynasz błądzić myślami, delikatnie nakieruj je znowu na oddychanie i liczenie. Zwróć uwagę na odczucia, jakie towarzyszą oddychaniu w ten sposób.

ROZLUŹNIJ MIĘŚNIE

Metody rozluźniania mięśni znane są od dawna. Jeszcze w latach trzydziestych dwudziestego wieku psycholog i lekarz Edmund Jacobson odkrył, że pacjenci, których mięśnie szkieletowe były rozluźnione, w mniejszym stopniu reagowali na bodźce wywołujące strach. Dostrzegł też odwrotną zależność. Zauważyłaś, że gdy masz napięte mięśnie, podskakujesz przy każdym hałasie? Jacobson uważał, że stałe napięcie mięśni jest bezpośrednią przyczyną wielu dolegliwości jego pacjentów. Dlatego opracował skomplikowaną procedurę rozluźniania wszystkich mięśni po kolei, w celowy i systematyczny sposób. Owa metoda relaksacji progresywnej po raz pierwszy została opisana przed niemal siedemdziesięciu laty (Jacobson, 1938). Kilkadziesiąt lat później psychologowie Douglas Bernstein i Thomas Borkovec (1973) udoskonalili pierwotną metodę Jacobsona, sprawiając, że stała się znacznie prostsza i łatwiejsza w zastosowaniu. Tak jak w oryginalnej wersji, pacjenci uczyli się celowo napinać i rozluźniać pewne mięśnie, aby świadomie likwidować napięcie. Ta skrócona metoda została niedawno poszerzona i unowocześniona (Bernstein, Borkovec i Hazlett-Stevens, 2000). Następne ćwiczenie nauczy cię najprostszej techniki szybkiego rozluźniania mięśni.

Dlaczego wcześniejsze napinanie mięśni pomaga w ich rozluźnianiu? Otóż musisz najpierw zyskać świadomość wrażeń, jakie towarzyszą napięciu mięśniowemu, abyś umiała je identyfikować i redukować poprzez rozluźnienie. Odpowiednie napięcie mięśni jest konieczne. Gdyby pewne mięśnie nie były napięte, nie moglibyśmy stać ani trzymać prosto głowy. Jednak wiele osób wykształciło mimowolny nawyk napinania pewnych mięśni, choć nie jest to potrzebne do utrzymania prawidłowej postawy lub poruszania się.

Ćwiczenie zaczyna się od napinania po kolei każdej grupy mięśni, w ramach rozgrzewki. Metoda ta pomoże ci zupełnie się uwolnić od zbyt dużego napięcia. Poza tym nauczysz się odczuwać wyraźną różnicę między najmniejszym nawet napięciem a całkowitym rozluźnieniem. Z czasem będziesz potrafiła rozróżnić te dwa doznania. W końcu zyskasz wprawę w wyczuwaniu nadmiernego spięcia w swoim organizmie i uwalnianiu się od niego bez potrzeby przechodzenia przez kolejne cykle napinania i rozluźniania mięśni.

Na początek

Przedstawione tu ćwiczenie nauczy cię, jak napinać i rozluźniać różne grupy mięśni podczas sesji. Wykonując je, powinnaś pamiętać o kilku rzeczach:

Zadbaj o wygodę. Wybierz odpowiednie miejsce, na przykład łóżko, kanapę albo fotel z regulowanym oparciem, gdzie będziesz mogła w spokoju poćwiczyć przez 15–20 minut. Włóż luźny i wygodny strój. Zdejmij zegarek, buty, okulary i wszelką biżuterię, która uciska twoje ciało (taką jak krótki łańcuszek lub pierścionek). Odrobinę przyciemnij światło w pomieszczeniu.

Unikaj zakłóceń. Zaplanuj sesję wcześniej, tak aby nie przerwał ci telefon lub dzwonek do drzwi. Poproś pozostałych domowników, by ci nie przeszkadzali. Pójdź wcześniej do łazienki. Warto zaplanować ćwiczenia w takiej porze, abyś nie miała nic pilnego do zrobienia zaraz potem. To pozwoli ci skupić całą uwagę na relaksacji i nie przejmować się tym, kiedy musisz skończyć.

Nie przesadzaj. Za każdym razem, kiedy świadomie napinasz grupę mięśni, powinnaś być w stanie odczuć wyraźną różnicę między tym stanem a rozluźnieniem. Nie oznacza to jednak, że masz napinać mięśnie do granic możliwości. Niektóre grupy, zwłaszcza mięśnie łydek i stóp, łatwo łapią kurcze. Wystarczy, byś czuła, że mięsień jest napięty, a nie rozluźniony. Nie forsuj się. Jeśli masz jakiekolwiek kontuzje lub dolegliwości, nie powinnaś napinać i rozluźniać grup mięśni, których one dotyczą. Jeżeli masz wątpliwości co do swoich fizycznych możliwości, przed rozpoczęciem ćwiczeń skonsultuj się z lekarzem.

Nie wierć się. Nie próbuj niepotrzebnie poruszać mięśniami, zwłaszcza po tym, jak je rozluźniłaś. Możesz oczywiście bez przeszkód zmienić pozycję na wygodniejszą lub się podrapać. Poza tym staraj się nie wiercić i unikać niepotrzebnych ruchów.

ĆWICZENIE RELAKSACYJNE 2: Rozluźnianie mięśni

Ćwicz przynajmniej raz dziennie przez 15–20 minut. Najlepiej rób to dwa razy w ciągu dnia. Dzięki temu szybciej nabierzesz wprawy. Podczas każdej sesji zajmuj się kolejno poszczególnymi grupami mięśni w ustalonym porządku:

Twarz: Ściągnij brwi, aby napiąć czoło, jednocześnie zmruż oczy i zmarszcz nos. Zaciśnij szczęki.

Ramiona, szyja i ręce: Wyciągnij ręce przed siebie i zegnij w łokciach, zaciskając pięści. Powinnaś poczuć napięcie w dłoniach, nadgarstkach, przedramionach i bicepsach. Napręż szyję, wykonując taki ruch, jakbyś wzruszała ramionami.

Pierś i brzuch: Napnij mięśnie klatki piersiowej, wstrzymując oddech i wciągając brzuch.

Uda: Unieś nieznacznie obie nogi, jednocześnie „ściągając" uda. Powinnaś poczuć napięcie w górnej części nóg.

Podudzia i stopy: Aby napiąć mięśnie łydek i stóp, unieś stopy tak jak przy chodzeniu na piętach, a następnie podwiń palce pod spód. Nie napinaj tych mięśni na dłużej niż 5 sekund i uważaj, aby nie doprowadzić do kurczu.

Teraz jesteś już gotowa. Możesz zamknąć oczy, jeśli chcesz. Przy każdej partii mięśni przejdź następujące etapy:

1. Napnij daną grupę mięśni i wytrzymaj siedem sekund.
2. Po upływie siedmiu sekund natychmiast rozluźnij mięśnie.
3. Zwróć uwagę na odmienność doznań, które towarzyszą rozluźnieniu mięśni.
4. Zaczekaj 30–40 sekund, zanim przejdziesz do następnej grupy mięśniowej.
5. Powtórz w ten sposób całą sekwencję wszystkich partii mięśni dwa lub trzy razy podczas każdej sesji.

W trakcie ćwiczeń skupiaj uwagę na fizycznych doznaniach towarzyszących napinaniu i rozluźnianiu mięśni. Uważnie je analizuj i zauważaj kontrast między wrażeniami. Jeśli odbiegasz gdzieś myślami, ponownie skup się na ćwiczeniach i rejestrowaniu odczuć podczas pracy nad określoną partią mięśni.

Nie denerwuj się, jeżeli wrażenia przy rozluźnieniu mięśni wydają ci się nowe i dziwne – jeśli często jesteś spięta, przyzwyczajenie się do uczucia odprężenia będzie wymagało trochę czasu. Nie zniechęcaj się, jeśli na początku musisz wkładać w sesje sporo wysiłku.

Zaczynając ćwiczenia, być może stwierdzisz, że trudno ci zapamiętać, jakie grupy mięśni masz napinać i w jaki sposób. Jeśli masz z tym kłopoty, nagraj instrukcje na kasetę, czytając je w wolnym tempie.

Zacznij od wyjaśnienia, jak napiąć daną grupę mięśni, odczekaj siedem sekund i nagraj polecenie rozluźnienia tych mięśni na 30–40 sekund przed przejściem do następnej grupy. Potem możesz słuchać taśmy podczas sesji. Pamiętaj jednak, aby nie uzależnić się od nagrania podczas relaksacji. Gdy tylko nauczysz się wszystkiego na pamięć, zrezygnuj z magnetofonu. Dzięki temu wykształcisz umiejętność relaksacji bez konieczności słuchania taśm.

RELAKSACJA PRZEZ WIZUALIZACJĘ

Tworzenie obrazów w myślach jest niezwykłą zdolnością, którą wszyscy posiadamy. Możemy kreować własną rzeczywistość wirtualną bez pomocy jakiegokolwiek sprzętu! Dlaczego wizualizacja ma taką siłę? Otóż, w przeciwieństwie do myślenia werbalnego, ten typ aktywności umysłowej jest ściśle związany z naszymi emocjami. Zwróciłaś uwagę, że wyobrażenie sobie czegoś budzi głębsze uczucia niż werbalne myślenie o tym? Właśnie dlatego ludzie odczuwają tak intensywny strach, kiedy wyobrażą sobie jakieś tragiczne wydarzenie. Przez to czują się tak, jakby dana sytuacja naprawdę zaistniała, a przynajmniej stała się o wiele bardziej realna. Na szczęście tej samej umiejętności możesz używać do wizualizacji przyjemnych scenariuszy, które cię relaksują. Spróbuj wykonać poniższe ćwiczenie i stworzyć w wyobraźni obraz, który cię odpręży. Wkrótce będziesz potrzebowała coraz mniej czasu, aby wejść w taką wewnętrzną wizję i osiągnąć stan głębokiej relaksacji.

ĆWICZENIE RELAKSACYJNE 3:
Wyobraź sobie relaksujące otoczenie

1. Wybierz odpowiednią scenerię, która kojarzy ci się z uczuciem spokoju, przyjemności i odprężenia. Może to być prawdziwe miejsce, które kiedyś odwiedziłaś lub zobaczyłaś w telewizji, ale może też ono istnieć tylko w twojej wyobraźni. W przypadku większości osób jest to jakiś piękny zakątek na łonie natury, na przykład plaża, zielone pola, łąki pełne ulubionych kwiatów, las lub pustynia.

2. Znajdź w domu miejsce, gdzie możesz przez pięć minut w spokoju poleżeć lub posiedzieć i nikt nie będzie ci przeszkadzał.
3. Zamknij oczy i przywołaj scenę, którą wybrałaś. Wyobraź ją sobie dokładnie, dostrzegając jak najwięcej szczegółów. Jakie barwy i detale widzisz?
4. Włącz w ten proces wszystkie zmysły w jak największym stopniu:
   - Jakie zapachy przesycają powietrze w miejscu, które sobie wyobrażasz? Jeśli jesteś na plaży, spróbuj poczuć słonawą woń oceanu. Jeżeli w lesie – zapach żywicy. Jeśli na łące lub na polu – aromat kwiatów lub traw.
   - Co czujesz na skórze? Ciepło słońca? Łagodną bryzę?
   - Jakie dźwięki towarzyszą twojej wizji? Szum fal? Śpiew ptaków? Szelest wiatru?
5. Nie opuszczając tego miejsca, postaraj się poznać je jak najpełniej. Zwróć uwagę na to, jak zachowuje się twoje ciało, w miarę jak osiągasz stan coraz głębszej relaksacji. Kiedy minie pięć minut, daj sobie chwilę na nacieszenie się tym uczuciem, zanim wstaniesz i wrócisz do codziennych zajęć. Chociaż przez tydzień wykonuj to ćwiczenie raz dziennie lub w każdej wolnej chwili.

KORZYSTAJ Z UMIEJĘTNOŚCI RELAKSACJI

Nauczyłaś się już trzech różnych metod relaksacji, które pomogą ci zmniejszyć stan ogólnego napięcia. Gdy opanujesz je w wystarczającym stopniu podczas ćwiczeń, będziesz mogła odprężać się za każdym razem, gdy tylko poczujesz, że wciąga cię spirala zmartwień. Możesz też wypracować nawyk rozluźniania się w ciągu dnia. Jednym ze sposobów na to jest zaplanowanie krótkich przerw. W ich trakcie możesz na kilka minut wycofać się w spokojne miejsce i skorzystać z którejś metody relaksacyjnej.

Możesz też rozluźniać mięśnie i przechodzić do głębokich oddechów, zawsze gdy tylko chcesz. Aby pamiętać o relaksacji i utrzymać stan odprężenia przez cały dzień, skorzystaj z poniższych wskazówek:

ĆWICZENIE RELAKSACYJNE 4:
Wykształć nawyk relaksacji

1. Wymień dwie lub trzy z najczęstszych niespokojnych reakcji, jakich doświadczasz:
   - Czy często obgryzasz paznokcie?
   - Wzdychasz ciężko, kiedy coś cię przytłacza?
   - Powtarzasz określone ruchy, na przykład owijasz włosy wokół palca, stukasz w stół, wyłamujesz palce lub skubiesz skórę?
2. Uważaj na te sygnały podczas codziennego monitorowania poziomu lęku w sposób, jaki poznałaś w rozdziale 3. Kiedy przyłapiesz się na takim odruchu, zastosuj jedną z metod relaksacji.

Sprawdź sposób oddychania: Oddychasz zbyt szybko lub za płytko? Jeśli tak, przejdź do powolnych i głębokich oddechów przeponą. Kontynuuj tak długo, jak możesz.

Sprawdź, czy nie masz napiętych mięśni: Uważaj na niepotrzebne napinanie mięśni, zwłaszcza tych grup, które często są za bardzo naprężone. Uwolnij się od tego uczucia, rozluźniając się.

ĆWICZENIE RELAKSACYJNE 5:
Poszukaj sygnałów, które przypomną ci o relaksacji

1. Każdy dzień składa się z wielu chwil odpowiednich na relaksację. Rzecz w tym, aby planować z wyprzedzeniem i traktować takie momenty jako przypomnienia, że masz się odprężyć. Oto kilka przykładów:
   - czekanie w kolejce w sklepie lub w banku;
   - czekanie w samochodzie na zmianę świateł;
   - przerwa na reklamy w telewizji;
   - czekanie, aż uruchomi się komputer;
   - czekanie, aż zagotuje się woda;
   - droga na parking lub z parkingu;
   - czekanie, aż dzieci wyjdą ze szkoły, gdy je odbierasz.
2. Wybierz dwa lub trzy sygnały, które najlepiej się sprawdzą w twoim przypadku. Za każdym razem, kiedy znajdziesz się w takiej sytuacji,

pozwól, aby przypomniały ci o tym, że masz się odprężać. Postępuj według tych samych kroków co w poprzednim ćwiczeniu: sprawdź sposób oddychania i przejdź do powolnego i głębokiego oddechu przeponowego. Potem poszukaj w ciele oznak nadmiernego napięcia mięśni i rozluźnij się.

Rozdział 7

SKUP SIĘ NA CHWILI OBECNEJ

PO CO SIĘ SKUPIAĆ NA TERAŹNIEJSZOŚCI?

Zwracanie uwagi na to, co w danej chwili dzieje się w tobie i wokół ciebie, jest korzystne z wielu względów. Tylko teraźniejszość istnieje naprawdę – przyszłości jeszcze nie ma, a przeszłość już odeszła. Obecna chwila jest twoim oknem na to, co się dzieje tu i teraz. Uświadomienie sobie odczuć, jakie coś w tobie wywołuje, może ci wskazać drogę do tego, co dla ciebie dobre. Rejestrując wszystko, co zachodzi wokół ciebie, będziesz mogła w miarę rozwoju wydarzeń reagować na to, co się dzieje naprawdę. Zupełnie inaczej jest, gdy twoje reakcje opierają się na przypuszczeniach oraz automatycznych nawykach z przeszłości.

Jak skupianie się na teraźniejszości odnosi się do zmartwień? Otóż jedno wyklucza drugie. Martwienie się zwykle dotyczy spraw, które mogą zaistnieć w przyszłości lub należą już do przeszłości. Przez to, siłą rzeczy, nie możesz w pełni doświadczać chwili obecnej. Nie jesteś w stanie całkowicie się koncentrować na teraźniejszości, jeśli jednocześnie myślisz o tym, co będzie lub było. Kiedy się martwisz, przynajmniej część uwagi poświęcasz na interpretację przeszłych wydarzeń lub tworzenie iluzji dotyczących przyszłości. Przez to możesz przegapić ważne informacje, jakie pod nos podsuwa ci bieżąca chwila. Omijają cię nie tylko potencjalne przyjemności i emocje, jakie niesie dany moment, ale możesz też nie dostrzec ważnych wskazówek płynących z twojego wnętrza lub z bezpośredniego otoczenia, które mogłyby ukierunkować twoje postępowanie. Zastanów się, czy zdarzyło ci się kiedyś przegapić coś ważnego, ponieważ rozpraszały cię zmartwienia?

NA CZYM POLEGA ŚWIADOMA OBECNOŚĆ?

Każdy z nas ma tendencje do wybiegania myślami w przyszłość lub cofania się w przeszłość, bez względu na to, jak bardzo i czy w ogóle zazwyczaj się martwi. To naturalna skłonność, prawdopodobnie podyktowana korzyściami, jakie może nam dać umiejętność oceniania przeszłości i przewidywania przyszłości. Jednak podejmowanie wysiłku doświadczania chwili obecnej oraz zauważanie momentów, gdy nasze myśli gdzieś uciekają, może w dużym stopniu ograniczyć nawyki wciągające nas w spirale zmartwień. Kiedy świadomie skupiasz się na tym, czego doświadczasz w danej chwili, jednocześnie zdajesz sobie sprawę ze swoich automatycznych reakcji. Taki sposób bycia w chwili teraźniejszej często nazywany jest świadomą obecnością (lub świadomym uczestnictwem) [ang. *mindfulness*].

Celem ćwiczenia świadomej obecności jest przenoszenie uwagi z powrotem w teraźniejszość za każdym razem, gdy się orientujesz, że w myślach dokądś odpływasz. Już zaczęłaś pracować nad tą umiejętnością dzięki metodom relaksacji poznanym w poprzednim rozdziale. Jednakże świadoma obecność jest czymś więcej niż skupieniem na chwili obecnej. Wiąże się ona także z cierpliwością wobec siebie oraz z tym, aby pozwalać sobie na najpełniejsze doświadczenie danego momentu. Zyskując głębszą świadomość własnych myśli, uczuć oraz doznań fizycznych, jednocześnie uczysz się nie reagować na nie. Wszyscy mamy tendencję do natychmiastowego osądzania doświadczeń jako dobrych lub złych oraz do odsuwania od siebie negatywnych, a zatrzymywania pozytywnych. Tymczasem dwa główne cele ćwiczenia świadomej obecności to pełne skupienie się na chwili obecnej oraz pozwolenie na to, aby wszystkie doświadczenia pojawiały się i odchodziły w naturalny sposób, bez oceniania ich ani prób zatrzymania jednych i eliminowania innych. Możesz wprawiać się w ściąganiu swoich myśli w teraźniejszość, gdy tylko zauważasz rozkręcającą się spiralę zmartwień. Dzięki temu nauczysz się przerywać automatycznie pojawiające się obawy.

Ćwicz świadomą obecność samodzielnie, korzystając z podpowiedzi zamieszczonych w tym rozdziale. Jeśli chciałabyś się dowiedzieć więcej i poznać inne metody ćwiczeń, zajrzyj do listy lektur. Możesz też zapisać się na zajęcia jogi lub sesje medytacji.

ZMIEŃ AUTOMATYCZNE DZIAŁANIA W ŚWIADOME

Jednym ze sposobów ćwiczenia świadomej obecności jest skupianie uwagi podczas najbardziej prozaicznych i prostych czynności, jakie wykonujesz każdego dnia. Warto od tego zacząć, ponieważ działania te stały się w dużej mierze automatyczne. Kiedy po raz ostatni koncentrowałaś się tylko na myciu zębów, kąpieli pod prysznicem lub zmywaniu naczyń? Prawdopodobnie w dzieciństwie, gdy uczyłaś się wykonywać te zadania. Tymczasem każde z nich dostarcza rozmaitych doznań fizycznych oraz stanowi sekwencję ruchów, na które rzadko zwracamy uwagę.

Automatyczne wykonywanie prostych, rutynowych zadań bywa efektywne, bo umysł może wtedy zająć się rozwiązywaniem bardziej złożonych problemów oraz twórczym myśleniem. Jednak ciągła „wielozadaniowość" ma swoją cenę. Jeśli większość rzeczy robisz odruchowo, sprawiasz, że niepożądane nawyki, takie jak wpadanie w spiralę zmartwień, też stają się automatyczne. Coraz trudniej jest ci zwolnić tempo i skupić się na chwili obecnej.

ĆWICZENIE ŚWIADOMEJ OBECNOŚCI 1: Codzienne czynności

1. Wybierz rutynową czynność, którą codziennie wykonujesz, nie skupiając się na niej, na przykład mycie zębów, branie prysznica, zmywanie naczyń lub mycie twarzy.
2. Przez tydzień za każdym razem, gdy przystępujesz do tej czynności, pamiętaj, aby wykonać ją świadomie. Celowo postaraj się zauważać nawet najmniejsze etapy, krok po kroku. Zwracaj uwagę na wszystkie doznania, jakie odbierasz zmysłami dotyku, węchu, słuchu, wzroku oraz smaku przez cały czas trwania danej czynności. Celem tego ćwiczenia jest skupienie się na tym, co robisz w danej chwili.
3. Doświadcz wszystkiego, co wiąże się z daną czynnością. Jeśli wybrałaś mycie zębów, zwróć uwagę na to, co czujesz, gdy włókna szczoteczki dotykają różnych części twoich ust i dziąseł, na smak pasty do zębów i na to, jakie wrażenie wywołuje kontakt wody

z podniebieniem. Przy zmywaniu naczyń zauważ temperaturę wody oraz to, co czujesz przy jej kontakcie ze skórą dłoni, poczuj zapach płynu i konsystencję piany. Sama widzisz, że świadoma obecność nie jest niczym wydumanym ani tajemniczym. To po prostu inny sposób działania, który możesz ćwiczyć zawsze, wystarczy, że skupisz uwagę na chwili obecnej, bez względu na to, czym się właśnie zajmujesz.

4. We wszystkich ćwiczeniach świadomej obecności staraj się przenosić swoją uwagę z powrotem w teraźniejszość za każdym razem, gdy zauważasz, że błądzisz gdzieś myślami. Uświadomienie sobie tego, że twoje myśli odpłynęły, i sprowadzenie ich ponownie do chwili obecnej jest równie cennym doświadczeniem jak utrzymywanie stałej koncentracji na wykonywanej czynności.

JEDZ ŚWIADOMIE

Jedzenie jest kolejną codzienną czynnością, którą większość osób wykonuje automatycznie. Kiedy po raz ostatni zwolniłaś na tyle, żeby naprawdę poczuć smak potraw? Musimy regularnie jeść, aby żyć. Dlatego tym łatwiej wykształcamy automatyczne nawyki z tym związane. W następnym zadaniu poćwicz wolne i świadome jedzenie, zauważając najdrobniejsze aspekty wyglądu potraw, ich zapachów i smaków. Może ci się to wydać dziwne, ponieważ ludzie rzadko skupiają się na tej czynności. Jeśli jednak nie chcesz bezmyślnie spożywać posiłków lub nasze ćwiczenie wyjątkowo ci się spodoba, przeczytaj *Eating Mindfully* Susan Albers.

ĆWICZENIE ŚWIADOMEJ OBECNOŚCI 2:
Świadome jedzenie

1. Wybierz określony posiłek lub porę przekąski.
2. Usiądź w miejscu, gdzie będziesz mogła skupić całą uwagę na jedzeniu i nic nie będzie cię rozpraszało. Wyłącz telewizor lub sprzęt grający.
3. Zanim zaczniesz jeść, bez pośpiechu przyjrzyj się potrawie, tak jakbyś

widziała ją po raz pierwszy w życiu. Zwróć uwagę na barwy, fakturę, konsystencję oraz zapachy. Zauważ wszelkie myśli i wrażenia, jakie w tobie wywołuje. Zarejestruj fizyczne doznania towarzyszące uczuciu głodu lub sytości.

4. Zadbaj o to, by mieć dość czasu na powolne spożycie posiłku. Zauważaj wygląd i aromat każdego kęsa, zanim świadomie włożysz go do ust. Uważnie rejestruj smak oraz wrażenie, jakie towarzyszą trzymaniu każdego kawałka w ustach, przeżuwaniu, i przełykaj dopiero wtedy, gdy świadomie uznasz, że jesteś do tego gotowa. Jak wyczuwasz konsystencję jedzenia językiem? Jakie wrażenia zauważasz podczas przełykania?
5. Zwracając uwagę na myśli, odczucia i doznania fizyczne towarzyszące świadomemu jedzeniu, dostrzeż też skłonność twojego umysłu do oceniania doświadczenia. Kiedy stwierdzisz, że odbiegasz gdzieś myślami, po prostu zarejestruj je, próbując nie osądzać ich w żaden sposób, po czym skup się ponownie na chwili obecnej i jedzeniu.
6. Czym różni się taki sposób spożywania posiłku od tego, jak jesz zazwyczaj? Postaraj się tak jeść przynajmniej raz dziennie. Nie zniechęcaj się, jeśli na początku czujesz się z tym trochę dziwnie – może minąć kilka dni, a nawet tygodni, zanim ta metoda jedzenia stanie się naturalna.

ODDYCHAJ ŚWIADOMIE

Oddychanie jest jedną z najbardziej podstawowych funkcji. Na szczęście nasz organizm został tak zaprogramowany, aby oddychać automatycznie. To jednak oznacza, że rzadko jesteśmy świadomi sposobu, w jaki oddychamy. W rozdziale 6, poznając metody relaksacji, uczyłaś się wsłuchiwać w swój oddech. Celem następnego ćwiczenia jest nie tyle zmiana sposobu oddychania, ile pełne doświadczenie samego aktu wdechu i wydechu. Ucząc się świadomego uczestniczenia w każdej chwili, skupiaj myśli na ruchach i odczuciach, jakie towarzyszą oddychaniu.

ĆWICZENIE ŚWIADOMEJ OBECNOŚCI 3: Świadome oddychanie

1. Znajdź miejsce, gdzie będziesz mogła usiąść wyprostowana lub wygodnie położyć się na plecach. Zadbaj o to, by nie rozpraszał cię telefon, telewizja ani ludzie.
2. Zamknij oczy i skup całą uwagę na oddechu. Poczuj, jak powietrze wnika w twoje ciało podczas powolnego wdechu, i podążaj za nim, w miarę jak przesuwa się aż do brzucha. Zarejestruj wrażenie, jakie towarzyszy unoszeniu się brzucha, a następnie opadaniu, kiedy zaczynasz wydech.
3. Starając się śledzić każdy oddech i skupiać uwagę na pełnej długości każdego wdechu i wydechu, prawdopodobnie zaczniesz błądzić myślami. Gdy to zauważysz, łagodnie nakieruj świadomość z powrotem na oddychanie.
4. Wiele osób zaczynających to ćwiczenie często się martwi, czy wykonuje je „prawidłowo". Bo przecież nie może chodzić tylko o zwykłe siedzenie i obserwowanie własnego oddechu! Tymczasem to zadanie jest bardzo łatwe, a zarazem trudne. Jesteśmy tak przyzwyczajeni do poświęcania każdej chwili na „robienie" czegoś, że czujemy się dziwnie, gdy mamy jedynie siedzieć. A jednak tak prosta rzecz jak znalezienie codziennie czasu na „pobycie" z własnym oddechem może się okazać niezwykłym doświadczeniem.
5. Ćwicz świadome oddychanie przez tydzień, poświęcając na to przynajmniej dziesięć minut każdego dnia, i sprawdź, co się stanie. Gdy nabędziesz wprawy, będziesz umiała koncentrować się na oddechu w każdej chwili.

ŚWIADOMIE SPĘDZAJ CZAS WOLNY

Kiedy żyjesz w napięciu i jesteś stale zajęta, czas wolny wydaje ci się luksusem. Jednak twoje ciało, umysł i duch potrzebują choćby krótkiej przerwy od czasu do czasu, abyś mogła zrobić coś, co sprawia ci przyjemność. Jakie zajęcia dostarczają ci najwięcej radości? Malowanie lub odwiedzanie galerii? Słuchanie określonego rodzaju muzyki? Praca w ogrodzie, gra w golfa, pieczenie ciast czy gra na pianinie? Podaruj sobie trochę wolnego czasu, nawet jeśli nie masz go wiele. Podczas ulubionej czynności ćwicz świadomą obecność, doświadczając każdej chwili jak najpełniej i wsłuchując się we wszystkie swoje reakcje.

ĆWICZENIE ŚWIADOMEJ OBECNOŚCI 4:
Czas wolny

1. Wybierz ulubione zajęcie, któremu mogłabyś poświęcić trochę czasu w następnym tygodniu. Jeśli nic ci nie przychodzi do głowy, wybierz ulubiony utwór muzyczny. Słuchaj go w wolnych chwilach do czasu, kiedy nie nadarzy się okazja spróbowania czegoś innego.
2. Za każdym razem, gdy robisz to, co lubisz, doświadczaj każdej chwili po kolei, tak jak robiłaś to w poprzednich ćwiczeniach świadomej obecności. Zanurz się w tym jak najbardziej. Niech każdy moment będzie świadomy i celowy. Rejestruj wszystkie obrazy, zapachy, dźwięki i wrażenia dotykowe.
3. Gdy zauważasz, że twoje myśli się oddalają, łagodnie przywołaj je na powrót do teraźniejszości.

CZĘŚĆ III

POKONYWANIE OKREŚLONYCH OBAW

Rozdział 8

OBAWY DOTYCZĄCE RELACJI Z INNYMI

MARTWIENIE SIĘ O ZWIĄZEK

Relacje i interakcje z innymi są najczęstszymi powodami zmartwień, bez względu na to, czy cierpimy na zaburzenia lękowe czy nie (Roemer, Molina i Borkovec, 1997). Pewnie cię to nie dziwi. W końcu człowiek to istota społeczna. Żyjemy w bardzo interpersonalnym świecie, w którym gniew lub negatywne opinie innych na nasz temat mogą mieć odczuwalne konsekwencje. Rzecz w tym, że nikt nie potrafi idealnie odczytać, co myśli lub czuje inna osoba. Z tego powodu każda wymiana interpersonalna jest przynajmniej w pewnym stopniu niejasna.

Obawy dotyczące relacji międzyludzkich często są podyktowane lękiem przed dezaprobatą lub odrzuceniem. Mogą też wynikać z chęci zadowolenia innych lub z troski o nich. Czasami prowadzą do zupełnego unikania pewnych sytuacji społecznych, zwłaszcza wtedy, gdy boisz się, że ludzie będą cię osądzali lub oceniali. Mniej oczywiste uniki polegają na uleganiu żądaniom i prośbom innych, rezygnacji z własnych praw oraz niesygnalizowaniu innym, czego naprawdę pragniesz lub co czujesz. Obawy związane z relacjami interpersonalnymi oraz zachowania podyktowane chęcią uniknięcia pewnych sytuacji towarzyskich mogą się pojawić w kontaktach z rozmaitymi ludźmi, począwszy od współpracowników i szefa, a skończywszy na partnerze, mężu, rodzinie i przyjaciołach.

Uświadomienie sobie własnych obaw bywa bardzo trudne w kontekście związków międzyludzkich. Jest tak dlatego, że niektóre zachowania podyktowane obawami szkodzą jakości naszych relacji. Bardzo trudno uwolnić się od takich zmartwień, ponieważ zawierają one ziarno prawdy.

Niektóre osoby uważają, że mówiąc innym o swoich obawach, dają im do zrozumienia, że się o nich troszczą. Po jakimś czasie nie umieją już inaczej okazać swojej miłości. Przykładem tego jest historia Anne.

Anne: Mimowolne odpychanie innych

Anne, czterdziestopięcioletnia mężatka i matka dwóch nastoletnich chłopców, pracowała na pół etatu jako asystentka w małej kancelarii prawniczej. Aktywnie działała w szkolnym komitecie rodzicielskim i jako wolontariuszka uczestniczyła co tydzień w pracach ośrodka pomocy dla kobiet. Lubiła angażować się w działania lokalnej społeczności i zajmować się synami, ale stale martwiła się o innych. Rozmawiając z mężem, synami lub przyjaciółmi, sporo uwagi poświęcała wypatrywaniu oznak tego, jak naprawdę się czują. Z troski o ich samopoczucie stale pytała, czy wszystko jest w porządku. Otwarcie przyznawała, jak bardzo się o nich martwi, i często próbowała się domyślać, jak poradziliby sobie z rozczarowaniami, jakie niesie życie.

Z czasem zauważyła, że mąż i przyjaciele zaczęli się od niej odsuwać. Odkryła, że przyjaciółki spotykają się bez niej. Mąż coraz rzadziej inicjował intymne zbliżenia, a po powrocie z pracy do domu nie opowiadał jej z entuzjazmem o tym, jak minął mu dzień. Synowie coraz bardziej się na nią denerwowali – miała wrażenie, że każdą jej wypowiedź kwitują przewracaniem oczami. Anne szybko wciągnęła spirala obaw o relacje z bliskimi: „Dlaczego synowie nie doceniają tego, co dla nich robię? Jak przyjaciółki mogły wykluczyć mnie ze swego grona? Czy mąż jeszcze mnie kocha? A jeśli ma romans? Co będzie, jeśli zechce się ze mną rozwieść?"

Kiedy spirala zmartwień coraz bardziej się rozkręcała, Anne zaczęła szukać u innych zapewnień, że niepotrzebnie się obawia. Co wieczór po dziesięć razy pytała męża, czy naprawdę ją kocha. Dzwoniła do każdej przyjaciółki dwa razy dziennie, aby mieć pewność, że nie wykluczą jej z kolejnej wspólnej kawy. Coraz częściej czuła się też sfrustrowana postępowaniem synów. Miała wrażenie, że już jej nie doceniają ani nie szanują. Pewnego wieczoru po raz pierwszy nakrzyczała na nich, gdy wrócili od kolegi później niż zwykle.

Gdy wreszcie uznała, że ma dość, postanowiła wszystko zmienić. Nauczyła się obiektywnie i systematycznie oceniać swoje obawy o relacje z innymi. Stwierdziła, że nie doceniała i siebie, i bliskich. To niszczyło jej wiarę w siebie i odpychało od niej osoby, które kochała. Anne zrozumiała, że interpretowała każde najmniejsze ich skrzywienie czy grymas jako oznakę, że coś jest nie tak. Przez to nie mogła usłyszeć tego, co naprawdę próbowali jej powiedzieć. Poza tym zaczęła zakładać, że inni są nią rozczarowani i nie akceptują jej. W wyniku tego czuła się zraniona, samotna i skrzywdzona tym, że nikt jej nie rozumie.

Znalazła w sobie odwagę, żeby kontynuować dialog z mężem. Pewnego wieczoru, kiedy poczuła znajome pragnienie zapytania go, czy naprawdę ją kocha, zamiast tego postanowiła się przed nim otworzyć i opowiedzieć mu o swoich obawach. Spytała go o szczerą opinię na temat ich małżeństwa i o to, jak wpływają na niego jej lęki. Choć na początku mąż zareagował zwykłymi zapewnieniami, po jakimś czasie przyznał, że tęskni za tym, jak układało się między nimi dawniej. Anne uważnie słuchała, gdy mówił o tym, jaki wpływ miało na niego jej niespokojne postępowanie. Po części zaskoczyła ją wiadomość, że czuł się równie samotny i opuszczony jak ona.

Jej nowa strategia objęła także związki z innymi. Anne starała się skupiać na danej chwili także podczas rozmów z przyjaciółmi i synami. Przestała szukać u nich pocieszających zapewnień i sprawdzać, czy wszystko jest w porządku. Stworzyła własną drabinę śmiałości i zaczęła po kolei stawiać czoło innym interpersonalnym sytuacjom. Analizując swoje obawy dotyczące relacji z innymi, odkryła, które z nich są dla niej korzystne, a które nie. Zamiast czekać na oznaki akceptacji ze strony synów, sama poczyniła odpowiednie kroki, aby zatroszczyć się o siebie i nagrodzić swoje wysiłki.

Jeśli relacje z innymi lub sytuacje interpersonalne są przedmiotem twoich obaw, historia Anne pewnie wyda ci się znajoma. Możliwe jednak, że odczuwasz to inaczej – zmartwienia dotyczące relacji z innymi oraz podyktowane tym zachowania są bardzo indywidualne. Anne pozornie była towarzyska i nie kryła swoich obaw. Może ty jesteś mniej śmiała i lękasz się spotykać nieznajomych. Wiele osób, które stale się zamartwiają, ma tendencje do unikania mnóstwa sytuacji towarzyskich. Ciągle przejmują się tym, co inni o nich pomyślą, i obawiają się, że powiedzą lub zrobią coś, co je ośmieszy. Ten szczególny rodzaj obaw nazywany jest *lękiem społecznym* lub *fobią społeczną*. Jeśli podejrzewasz, że skrajna nieśmiałość lub strach przed sytuacjami społecznymi mogą napędzać twoje obawy o relacje z innymi, skorzystaj z tego rozdziału, aby wprowadzić w życie strategie przedstawione w rozdziale 2. Jeżeli czujesz, że przydałaby ci się dodatkowa pomoc w tej sferze, zajrzyj do źródeł na końcu książki.

Niezależnie od natury twoich obaw o związki z innymi, rozdział ten pomoże ci dokładnie przyjrzeć się twoim lękom i zobaczyć je z innej perspektywy, podsunie też konkretne sposoby radzenia sobie z nimi i ułatwi zastosowanie technik relaksacji i świadomej obecności w tej sferze twego życia. Możesz nawet wykonać kserokopię tabeli z końca rozdziału i zawsze mieć ją przy sobie – przypomni ci o przedstawionych poniżej strategiach, gdy zauważysz, że zaczynasz się martwić o relacje z innymi.

ZYSKAJ NOWĄ PERSPEKTYWĘ

W rozdziale 4 nauczyłaś się pięciu kroków pomagających uważnie analizować zmartwienia i patrzeć na nie z nowej perspektywy. Zaczęłaś od nieokreślonego lęku i zawęziłaś go do konkretnej interpretacji lub przewidywania (bądź konkretna). Potem określiłaś inne opcje (stwórz inne możliwości) i oceniałaś prawdopodobieństwo spełnienia się twojej obawy oraz pozostałych ewentualności (przyjrzyj się dowodom). Potem nauczyłaś się rzetelnie oceniać, co by się stało, gdyby twoje obawy okazały się słuszne, i jak byś sobie wtedy poradziła (załóż, że stało się najgorsze). W końcu znalazłaś nową perspektywę, bardziej zrównoważoną i wywołującą mniejszy lęk niż pierwotne myśli (zbadaj nowe perspektywy). Oto kilka sugestii, które pomogą ci w próbach odmiennego spojrzenia na obawy dotyczące relacji z innymi.

Krok 1: Bądź konkretna

Postaraj się o jak najwięcej konkretów i zastąp niejasne obawy dotyczące relacji z innymi jak najbardziej precyzyjnymi ocenami lub prognozami. Może to uwzględniać interpretację tego, co myśli druga osoba, lub przypuszczenie, jak zareaguje ona na określoną sytuację. Uważaj na szufladkowanie i stereotypowe określenia. Na przykład jeśli przewidujesz, że ktoś „zachowa się jak cymbał" albo potraktuje cię „źle", co dokładnie przez to rozumiesz? Jakie zachowania danej osoby mogłyby w opinii obiektywnego obserwatora dowieść, że twoje przewidywania były słuszne?

Krok 2: Stwórz inne możliwości

Zastanawiając się nad innymi opcjami lub interpretacjami wydarzeń, spróbuj określić, jak inaczej *ty* mogłabyś zareagować na określoną sytuację. Obawy dotyczące związków i innych ludzi często dotyczą tego, co myśli, czuje lub robi druga osoba. Może to prowadzić do poczucia bezsilności, tak jakby to ona w pełni kontrolowała waszą interakcję, a może nawet cały związek. Utrudnia ci to dostrzeżenie własnego udziału w waszych kontaktach i przekonanie się, w jaki sposób sama możesz zmienić bieg rzeczy.

Krok 3: Przyjrzyj się dowodom

Uważnie się zastanów, na jakiej podstawie sformułowałaś wnioski na temat określonej sytuacji interpersonalnej:

- Zakładasz, że twoja interpretacja lub założenia są prawdziwe, bo czujesz, iż tak jest?
- Może zbyt pochopnie decydujesz, co myśli lub czuje druga osoba?
- Jesteś przekonana, że twoja ocena sytuacji jest jedyną możliwą?
- Jakie argumenty płynące z twoich przeszłych doświadczeń przeczą twoim wnioskom?

Czasem popełniamy błąd, zakładając, że w określonej sytuacji wszyscy będą myśleli, czuli i reagowali tak samo jak my. Tymczasem takie oczekiwania rzadko znajdują potwierdzenie w rzeczywistości. Trzymaj się faktów. Oceniaj to, co rzeczywiście się stało lub nie miało miejsca. Jeśli stwierdzisz, że masz za mało dowodów przemawiających za i przeciw, to także powinnaś wziąć pod uwagę. Zamiast wciąż na nowo powtarzać myśli, które cię niepokoją, lepiej zaczekaj i przekonaj się, jak wszystko naprawdę się zakończy.

Tylko co masz robić, gdy po przeanalizowaniu dowodów dochodzisz do wniosku, że to, czego się obawiasz, jest bardzo prawdopodobne? Jak masz postąpić, gdy twoje przewidywania mają duże szanse się spełnić? Przyglądając się dowodom, koniecznie zastanów się nad twoim udziałem w danej sytuacji interpersonalnej. Może żywisz wobec innych określone oczekiwania, które sprawiają, że rozwiązanie, jakiego się obawiasz, wydaje się bardzo realne? Obawy dotyczące relacji międzyludzkich nie zawsze wynikają z pochopnie formułowanych wniosków. Czasem odzwierciedlają ukryte przekonania co do tego, jak powinny się zachować inne osoby – przekonania, które są po prostu nierealne. Wielu ludzi ma określone poglądy na to, jak powinny wyglądać związki. Czasem to pomaga, ale czasem przeszkadza. Zupełnie słuszne jest oczekiwanie, że ukochane osoby będą nas traktowały z szacunkiem. Warto jednak przyjrzeć się innym przeświadczeniom i opiniom na temat związków, zwłaszcza jeśli mogą narazić nas na rozczarowanie. Tak jest na przykład wtedy, gdy próbujemy zmieniać innych, nie mówimy im o swoich pragnieniach, troszczymy się o bliskich, ale zapominamy o sobie, szukamy winnych i zawsze chcemy mieć rację.

Przestań zmieniać innych

Niektórzy skrycie wierzą, że potrafią kogoś zmienić. Żywią płonne nadzieje, że jeśli wystarczająco się postarają i będą uparcie dążyli do celu, to druga osoba pewnego dnia się zmieni. Z jednej strony, przekonanie, że możemy wpływać na innych, jest zupełnie zrozumiałe. Jeśli powiesz, czego pragniesz lub potrzebujesz, często chętnie na to przystaną. Jednak istnieją bardzo niewielkie szanse, że twoi przyjaciele, mąż, partner lub rodzice ze względu na ciebie zmienią życiowe przyzwyczajenia. Mogą ci ulec na krótko, jeśli wywrzesz na nich odpowiednią presję, ale w ten sposób doprowadzisz do tego, że po obu stronach zrodzi się niechęć, która tylko powiększy przepaść między wami. Właśnie dlatego oczekiwania, że inni zmienią się dla ciebie, często prowadzą do rozczarowań. W końcu każdy dorosły człowiek odpowiada za siebie.

Na szczęście nie musisz uzależniać swojego szczęścia i dobrego samopoczucia od wyborów innych osób. Możesz sama decydować o tym, co chcesz zrobić, zamiast poświęcać czas temu, do czego chciałabyś nakłonić innych. Przestań myśleć, jak chciałabyś odmienić osoby z twojego otoczenia, i zajmij się własnym postępowaniem. Zmień w swoim życiu to, co uważasz za istotne.

Proś o to, czego pragniesz

Traktowanie bliskich związków tak, jakby były kontraktami prawnymi, jest kuszące. Rzecz w tym, że każdy inaczej rozumie to, jak powinien się wywiązywać ze swojej części umowy. Obie strony inaczej oceniają wzajemny układ i mają odmienne pojęcie tego, co jest sprawiedliwe. Gdy jedna ze stron zrobi coś, co nie odpowiada wyobrażeniom drugiej, zachowanie to jest postrzegane jako „nie fair": „Gdyby mojemu mężowi naprawdę na mnie zależało, zaproponowałby, że w soboty to on będzie robił pranie. Gdyby Amy była prawdziwą przyjaciółką, częściej zapraszałaby mnie na lunch. Gdyby moi rodzice mnie doceniali, dzwoniliby do mnie, zamiast czekać na mój telefon".

Jeśli czujesz, że jesteś niesprawiedliwie traktowana, uważnie przyjrzyj się temu, czego oczekujesz od drugiej osoby. Skup się na tym, czego sama pragniesz, zamiast na tym, czy ktoś jest wobec ciebie fair. To skłoni cię do wyrażenia własnych preferencji i pragnień w jasny i bezpośredni sposób. Przy okazji zapobiegniesz nawarstwianiu się wzajemnej niechęci i negatywnych uczuć. Oczywiście twoja prośba może się spotkać z odmową. Decyzja, co zechcesz potem zrobić, należy do ciebie.

Zatroszcz się o siebie, nie tylko o innych

Często czujesz, że nikt nie docenia twojego poświęcenia? Dla wielu kobiet troska o innych jest ważną częścią życia. Nawet jeśli nie masz dzieci, być może pracujesz w zawodzie, który polega na opiekowaniu się innymi. Zajmowanie się bliskimi i pomaganie innym jest dla wielu osób zupełnie naturalne. Dzięki temu czujemy się bardziej ludzcy, tak jakbyśmy byli częścią większej wspólnoty. Ale altruizm może mieć gorzki smak, jeśli nie zadbasz o własne potrzeby. Zyskując świadomość osobistych poświęceń, ludzie zaczynają oczekiwać, że otoczenie to doceni i w jakiś sposób wynagrodzi. Często nawet nie zdają sobie sprawy z takich oczekiwań. Zauważają jedynie, że stają się coraz bardziej rozgoryczeni, i czekają na coś, co nie nadchodzi.

Zamiast poświęcać się dla innych, sama nagradzaj swoje wysiłki. Nie bierz na siebie obowiązków, które z czasem sprawią, że poczujesz niechęć. Postaraj się troszczyć o siebie w takim samym stopniu, w jakim dbasz o innych. Już zaczęłaś to robić, sięgając po tę książkę! Kiedy poczujesz rozżalenie, pamiętaj, że jesteś swoją jedyną opiekunką. Nikt nie jest odpowiedzialny za twoje zdrowie i samopoczucie w większym stopniu niż ty. W takiej sytuacji nie możesz przegrać: im lepiej zajmujesz się sobą, tym lepiej możesz się opiekować innymi.

Przestań szukać winnych

Osoby, które spotyka zawód w bliskich związkach, czują potrzebę znalezienia winnego. Wpadają w pułapkę, próbując rozstrzygnąć, kto ponosi odpowiedzialność za sytuację, w jakiej się znalazły, oraz za to, co czują. Obwinianie drugiej strony przeszkadza ci dostrzec twoją rolę w całym układzie. Z kolei obwinianie siebie prowadzi do negatywnych myśli na swój temat i nie pozwala zrozumieć, że druga osoba sama odpowiada za swoje wybory i postępowanie.

Możesz uniknąć tej pułapki, biorąc na siebie odpowiedzialność za zaspokajanie własnych potrzeb i samodzielnie dokonując wyborów. Taka odpowiedzialność nie jest jednoznaczna z przyjmowaniem winy na siebie. Dzięki niej potrafisz zaakceptować konsekwencje swoich czynów bez umniejszania swojej wartości.

Nie musisz zawsze mieć racji

Czy zdarza ci się przyjmować postawę obronną? W niektórych sytuacjach interpersonalnych mamy wrażenie, że musimy dowieść swojej racji. Pragnienie udowodnienia, że nasza odpowiedź jest właściwa, a nasze poglądy jedynie słuszne, bywa nieodparte. Taka postawa utrudnia nam wykroczenie poza własne zdanie i przyjęcie opinii innych. Przyczynia się też do wzniesienia muru między tobą a drugą osobą.

Jeśli znajdziesz się w takiej sytuacji, przypomnij sobie, że masz się cofnąć o krok i zacząć słuchać. Nie wystarczy wysłuchać drugiej strony tylko po to, by przygotować inteligentną ripostę. Słuchaj naprawdę, z zaangażowaniem, próbując zrozumieć rozmówcę najlepiej jak potrafisz. Nic nie tracisz, biorąc pod uwagę czyjś punkt widzenia czy nawet zmieniając zdanie. Odwaga, jakiej potrzeba, aby przyznać się do błędu, bardzo się przydaje w bliskich związkach.

Krok 4: Załóż, że stało się najgorsze

Skoro przyjrzałaś się już uważnie dowodom i zdałaś sobie sprawę, czego sama oczekujesz od związków, zastanów się, co by się stało, gdyby twoje obawy okazały się słuszne: Jak się zachować, jeśli druga osoba rzeczywiście cię nie lubi i ma o tobie złe zdanie? Jak postąpić, gdy twoja przyjaciółka, partner lub rodzic gniewa się na ciebie? Co zrobić, kiedy mężczyzna, z którym wczoraj poszłaś na pierwszą randkę, nie jest zainteresowany ponownym spotkaniem?

- Co takiego by się stało, gdyby twoje obawy się spełniły?
- Jakie konkretne działania pomogłyby ci poradzić sobie z taką sytuacją?
- Jak to świadczy o tobie?

Jeśli oczekujesz, że przejdziesz przez życie, zadowalając wszystkich dookoła lub nigdy nie czując smaku upokorzenia, czeka cię ciężkie zderzenie z rzeczywistością. Rzetelnie oceń wagę, jaką przykładasz do akceptacji innych. Oczywiście umiejętność robienia na ludziach wrażenia bardzo się przydaje. Łatwość nawiązywania dobrych relacji pomaga w wielu sytuacjach w życiu osobistym i zawodowym. Nie zawsze jednak ci się uda. Właśnie dlatego warto się zastanowić, jak dasz sobie wtedy radę. Pamiętaj, że wszystkie emocje – nawet uczucie rozżalenia lub wstydu – są chwilowe i mijają. Jeśli ośmieszysz się przed innymi, jak długo będziesz czuła zażenowanie? Jak podejdziesz do tego następnego dnia, tydzień później lub za rok? Czy wciąż będzie to takim samym problemem?

Może twoje lęki dotyczą bliskich, intymnych związków. Kiedy obawiamy się konfliktu z ukochaną osobą, często bierzemy sobie wszystko do serca. Pamiętaj, że ludzie, którzy się kochają, także mogą się na siebie gniewać i muszą pracować nad rozwiązywaniem konfliktów.

Krok 5: Zbadaj nowe perspektywy

Pracując nad bardziej zrównoważonym obrazem relacji międzyludzkich, zmieniaj te oczekiwania wobec siebie i innych, które słabo się sprawdzają. Nie twórz nowej perspektywy, która każe ci się spodziewać, że inni ludzie będą cię traktowali w określony sposób. Zamiast tego weź pod uwagę wszystko, co uświadomiłaś sobie w trakcie tego procesu. Pamiętaj na przykład, że nie zdołasz zadowalać wszystkich przez cały czas, że uczucie wstydu mija albo że potrafisz dać sobie radę z krytyką i dezaprobatą innych.

STAW CZOŁO OBAWOM

Z rozdziału 5 dowiedziałaś się, jak budować drabinę śmiałości i krok po kroku stawiać czoło sytuacjom, jakich wcześniej unikałaś. Jeśli przedmiotem twoich obaw są relacje z innymi, być może uciekasz przed konkretnymi sytuacjami społecznymi lub unikasz wymiany interpersonalnej. Czy martwisz się tym, co inni o tobie myślą? Jeżeli tak, zdobądź się na odwagę i spróbuj swoich sił w sytuacji, która zazwyczaj powoduje twój dyskomfort. Możesz zacząć od czegoś prostego, na przykład od zagajenia rozmowy. Potem zaproś na lunch koleżankę. Na koniec zostaw sobie trudniejsze wyzwania: przedstawienie komuś własnego zdania lub wyrażenie jakiejś prośby. Przechodząc do coraz bardziej złożonych sytuacji, w końcu dotrzesz na samą górę drabiny i zapytasz szefa o opinię na temat projektu, który przygotowałaś, lub przeprowadzisz prezentację przed grupą. Gdy twój dyskomfort wywołują codzienne kontakty interpersonalne, może przyda ci się dodatkowa pomoc. W źródłach na końcu książki znajdziesz więcej wskazówek.

Zadbaj o intymność

Wiele osób mających skłonność do martwienia się unika intymności w bliskich relacjach z drugą osobą. Być może sytuacje towarzyskie nie są dla ciebie problemem, za to unikasz rozmów na pewne tematy z ukochanym. Zwróć uwagę na to, kiedy nie potrafisz powiedzieć, czego pragniesz oraz co myślisz i czujesz. Oto kilka przykładów ćwiczeń, które możesz wypróbować:

1. Poproś partnera, męża lub bliską osobę o szczerą rozmowę. Zapytaj otwarcie, jak ocenia wpływ twoich obaw i podyktowanych nimi zachowań na wasz związek. Jeśli próbuje cię uspokoić, powiedz, że bardzo ci zależy na szczerej opinii. Wysonduj, w jaki sposób odpychasz bliskiego ci człowieka bądź dlaczego sądzi, że jesteś roztargniona, nie do zniesienia lub dokuczliwa. Choć to emocjonalnie trudne zadanie, uważnie słuchaj, gdy zacznie mówić, co czuje. Nie broń się przed otwartością. Szczerze mów o tym, jak zmagasz się ze zmartwieniami i niepokojem, zdradź swoje najgłębsze obawy dotyczące związku. Celem tego ćwiczenia nie musi być rozwiązanie

problemów. Wystarczy, że naprawdę będziesz sobą i porozmawiasz z ukochaną osobą najszczerzej jak potrafisz.

2. Jeśli jesteście małżeństwem lub parą, zacznijcie rozmowę od tego, co każdemu z was sprawia przyjemność w sypialni. Poszukaj sposobów komunikowania swoich preferencji partnerowi. Zbierz się na odwagę i zainicjuj zbliżenie albo spróbuj czegoś nowego. Jeżeli to cię zbyt onieśmiela, zajrzyj do książek *Sex Talk* autorstwa Aline Zoldbrod i Lauren Dockett oraz *Sex Matters for Women* Sallie Foley, Sally Kope i Dennisa Sugrue'a (więcej informacji znajdziesz w Źródłach). Obie zawierają mnóstwo praktycznych sugestii i ćwiczeń pozwalających lepiej poznać życie seksualne i poprawić jego jakość.

Jednak co robić, kiedy wasze relacje nie ułatwiają otwartej i szczerej komunikacji? Jak postąpić, gdy próbujesz wprowadzać w życie przedstawione tu wskazówki, ale twój partner albo przyjaciele nie chcą ci pomóc? Wtedy trzeba zbudować własną „grupę wsparcia". Otocz się osobami, z którymi możesz bezpiecznie rozmawiać i które chętnie cię wysłuchają. Poznaj nowych ludzi, angażując się w interesujące cię akcje twojej społeczności. Możesz nawet zacząć chodzić na spotkania konkretnej grupy wsparcia.

Zrezygnuj z zachowań podyktowanych obawą o związek

Do jakich zachowań sprowokowanych lękiem jesteś najbardziej skłonna, gdy martwisz się o relacje z kimś? Czy raz po raz prosisz daną osobę o zapewnienia, że niepotrzebnie się obawiasz? Dopytujesz się, czy na pewno się na ciebie nie gniewa albo czy wciąż cię kocha? Zwróć uwagę na wszystko, co zwiększa dystans w twoich związkach z innymi. Anne na przykład dostrzegła u siebie wiele podyktowanych obawami zachowań, takich jak sprawdzanie, czy u innych wszystko jest w porządku, ciągłe pytanie męża, czy ją kocha, i wielokrotne dzwonienie do przyjaciółek, aby spytać, kiedy się spotykają na kawę.

Rozważ, czy nie powiedzieć o swoich staraniach bliskim osobom. Zasygnalizuj im, jakie zmiany próbujesz zaprowadzić w swoim życiu i jak uczysz się wydostawać ze spirali obaw. Może wpadniesz na pomysł, jak mogą ci pomóc, odpowiednio reagując, kiedy zaczynasz coś robić pod wpływem lęku. Jeśli ktoś wykształcił nawyk reagowania na twoje postępowanie w sposób, który na chwilę cię uspokajał, ale nie przerywał procesu martwienia się, musi się to zmienić. Za każdym razem, gdy będziesz szukała u kogoś chwilowej pociechy, osoba ta może zrezygnować z odruchu uspokojenia cię i zamiast tego wykonać razem z tobą ćwiczenia uzyskiwania nowej perspektywy z rozdziału 4. Za każdym razem, gdy pragniesz zrobić coś pod wpływem obaw, nie ulegaj tej chęci. Potraktuj to jako przypomnienie, że masz się zrelaksować i myśleć o chwili obecnej.

ODPRĘŻ CIAŁO I UMYSŁ

Rozdział 6 nauczył cię konkretnych metod relaksacji, które możesz stosować o każdej porze, gdy tylko zauważysz, że wpadasz w spiralę zmartwień. Regularne ćwiczenie tych umiejętności korzystnie wpłynie także na twoje relacje z innymi. O wiele łatwiej jest się cofnąć i wysłuchać tego, co ma do powiedzenia druga osoba, kiedy jesteś spokojna. Przypomnij sobie sytuacje z przeszłości, kiedy wdawałaś się w spory z ukochaną osobą. Czy byłaś zdenerwowana i spięta, jeszcze zanim zaczęliście rozmawiać? Jak inaczej mogłaś zareagować, podchodząc do tego w skupieniu i ze spokojem?

SKUP SIĘ NA CHWILI OBECNEJ

Według wskazówek z rozdziału 7 nauczyłaś się ćwiczyć świadomą obecność podczas automatycznych czynności, takich jak jedzenie czy oddychanie. Sprawdź, czy potrafisz świadomie uczestniczyć w rozmowach z innymi ludźmi. Za każdym razem, gdy złapiesz się na tym, że błądzisz myślami, sprowadź je z powrotem do teraźniejszości. Co dokładnie mówi druga osoba? Jak się czujesz w każdej chwili rozmowy? Inicjując intymne kontakty z ukochaną osobą, jak najpełniej doświadczaj bliskości.

ZWIĄZKI

Zyskaj nową perspektywę

Bądź konkretna

- Unikaj przypinania etykietek drugiej osobie.
- Próbuj przewidzieć, jak ona się zachowa.

Stwórz inne możliwości

- Wymień możliwe reakcje obu stron.

Przyjrzyj się dowodom

- Czego się spodziewasz po drugiej osobie?
- Przekonaj się, czy nie masz nierealnych oczekiwań:
  - Przestań próbować zmieniać innych.
  - Proś o to, czego pragniesz.
  - Troszcz się o siebie.
  - Nie szukaj winnego.
  - Pamiętaj, że nie zawsze musisz mieć rację.

Załóż, że stało się najgorsze

- Jak poradziłabyś sobie z konfliktem lub dezaprobatą innych?

Zbadaj nowe perspektywy

- Odpowiednio zmień to, czego oczekujesz od siebie i innych.

Staw czoło obawom

- Spróbuj swoich sił w sytuacjach interpersonalnych i uwierz w siebie.
- Postaraj się o chwile bliskości w kontaktach z innymi.
- Przestań nakręcać spiralę zmartwień, a zwłaszcza szukać pocieszenia u innych.
- Naucz ukochane osoby, jak mogą cię wspierać.

Odpręż ciało i umysł

- Regularnie wykonuj ćwiczenia relaksacyjne i ciesz się ich korzystnym wpływem na twoje związki z innymi.

Skup się na chwili obecnej

- Kiedy twoje myśli zaczynają odpływać, skup uwagę na prowadzonej rozmowie.
- Doświadcz obecności drugiej osoby najpełniej jak potrafisz.

Rozdział 9

OBAWY DOTYCZĄCE PRACY I OSIĄGNIĘĆ

OBAWY O PRACĘ

Osiągnięcia mogą się stać obosiecznym mieczem. Jako dzieci dowiadujemy się, że sumienna praca i determinacja pozwolą nam zdobyć w przyszłości wspaniałe nagrody. Jako rodzice staramy się wpoić naszym pociechom etykę pracy, pragniemy nauczyć je wartości wyznaczania sobie celów i ich osiągania, aby w przyszłości stały się dobrymi członkami społeczeństwa. Co jednak się dzieje, kiedy posuwamy się tak daleko, że sukces i wydajność w pracy oraz zdobywanie konkretnych nagród zaczynają określać naszą wartość jako ludzi? To pułapka, w jaką często wpadają osoby, które martwią się pracą, szkołą i osiągnięciami.

W pierwszej połowie dwudziestego wieku kobiety zazwyczaj pracowały w domach. W miarę postępu emancypacji zaczęły dążyć do realizowania własnych celów intelektualnych i zawodowych poza kręgiem rodzinnym, odkrywając jednocześnie wiele pułapek, z jakimi w pracy zawodowej zmagali się mężczyźni. Oczywiście przed płcią piękną pojawiły się też zupełnie inne wyzwania związane z miejscem pracy. Współczesne kobiety muszą sprostać trudnym decyzjom, jakie wynikają z łączenia kariery zawodowej z obowiązkami wobec rodziny (choć coraz częściej przed podobnymi dylematami stają także mężczyźni). Jako społeczeństwo przebyliśmy długą drogę, ale niestety, wciąż nie wszystkie środowiska pracy dbają o sprawiedliwe i pełne szacunku traktowanie pań. Takie problemy utrudniają życie kobietom pracującym. Nie oznacza to jednak, że słabiej radzą sobie one z pokonywaniem przeszkód w pracy lub z budowaniem satysfakcjonującej kariery zawodowej.

Joan Borysenko (1996) pisze o ważnej przemianie w życiu kobiet, do jakiej dochodzi, gdy poddają one ponownej ocenie swoje życiowe osiągnięcia oraz wcześniejsze decyzje. Niektóre stwierdzają, że ich kariera nie potoczyła się zgodnie z planem, choć osiągnęły początkowe cele zawodowe. Inne uświadamiają sobie, że pozostanie w domu i poświęcenie całego czasu rodzinie daleko odbiega od tego, co sobie wyobrażały. Analizując swoje obawy dotyczące pracy, sprawdź, czy nie podpowiedzą ci czegoś nowego na temat twoich życiowych decyzji i wartości.

Do obaw o pracę zalicza się strach przed porażką, lęk przed niewykonaniem zadania lub przed uzyskaniem słabych wyników, albo o to, że nie dość się starasz bądź przeciwnie – że dopadną cię skutki zbyt intensywnej pracy. Jeśli tematy pracy, szkoły lub osiągnięć często pojawiają się w twoich zmartwieniach, skorzystaj z tej części książki jak z przewodnika, który pomoże ci zastosować strategie poznane w rozdziale 2. Możesz nawet odbić na ksero tabelę zamieszczoną na końcu i nosić kopię ze sobą – przypomni ci o tych strategiach, zawsze gdy zauważysz, że zaczynasz się martwić o pracę.

ZYSKAJ NOWĄ PERSPEKTYWĘ

Rozdział 4 nauczył cię pięciu kroków pozwalających ocenić twoje zmartwienia w nowy sposób i dojrzeć nowe perspektywy. Po pierwsze, dowiedziałaś się, jak sprowadzić niejasne obawy do konkretnych przewidywań lub interpretacji (bądź konkretna). Następnie określiłaś inne opcje (stwórz inne możliwości) i oceniłaś prawdopodobieństwo spełnienia się twoich obaw oraz innych ewentualności, jakie wymieniłaś (przyjrzyj się dowodom). Potem nauczyłaś się rzetelnie oceniać, co by się stało, gdyby twoje obawy okazały się słuszne i jak byś sobie wtedy poradziła (załóż, że stało się najgorsze). W końcu znalazłaś nową perspektywę, bardziej zrównoważoną i wywołującą mniejszy lęk niż pierwotne myśli (zbadaj nowe perspektywy). Oto kilka wskazówek, które mogą się okazać szczególnie pomocne w ponownej ocenie twoich obaw dotyczących pracy.

Krok 1: Bądź konkretna

Starając się sprowadzić nieokreślone lęki dotyczące osiągnięć i pracy do konkretów, uważaj na ogólne określenia, takie jak „porażka", „sukces" czy „dość dobre". Na jakiej podstawie postronny obserwator mógłby ocenić, że poniosłaś „porażkę" lub że twoja praca nie była „dość dobra"? Co dokładnie może się stać według twoich przewidywań?

Krok 2: Stwórz inne możliwości

Próbując określić spektrum ewentualnych wydarzeń, uważaj, czy nie jesteś zafiksowana na jakimś aspekcie twojej sytuacji zawodowej. Na przykład, czy nie zakładasz z góry, że pozostaniesz w obecnej pracy aż do emerytury? Jeśli tak, spróbuj wymyślić inne możliwe scenariusze uwzględniające zmianę pracy. Zmuś się do poszukania opcji przeciwnych do założenia, iż każdy element twojej obecnej sytuacji zawodowej zawsze będzie niezmienny. Pamiętaj, że celem tego kroku jest uwolnienie myśli i zmuszenie się do wyjścia poza sztywne ramy dotychczasowych wyobrażeń.

Krok 3: Przyjrzyj się dowodom

Oceniając prawdopodobieństwo spełnienia się twoich obaw oraz wszystkich opcji, jakie przyszły ci do głowy, pamiętaj, aby szukać argumentów przeczących twoim lękom, zamiast skupiać się tylko na tych, które je potwierdzają. Wróć myślami do tego, jak radziłaś sobie w przeszłości, na podstawie tamtych doświadczeń oceń swoje wnioski na temat przewidywanej porażki. Jeśli się obawiasz, że nie zaliczysz testu w college'u, pomyśl, do jak wielu testów podchodziłaś, a ile razy rzeczywiście otrzymałaś ocenę niedostateczną. Jeżeli martwisz się opinią na temat twoich kompetencji zawodowych, przypomnij sobie, jak dotąd byłaś oceniana. Pamiętaj, aby nie traktować niepokoju dotyczącego spełnienia się twoich obaw jako dowodu, że prawdopodobnie tak się stanie.

W sytuacji, gdy twoje zmartwienia dotyczą głównie tego, czy zdążysz skończyć pracę w wyznaczonym terminie, zastanów się, czy realnie przewidujesz, że nie zrobisz wszystkiego na czas. Właśnie na tym polegał problem Ellen, która często czuła blokadę przed pokonaniem tego progu.

Ellen: Przeciążona i przytłoczona

Ellen, samotna trzydziestodwuletnia profesorka socjologii, pracowała na jednym z elitarnych amerykańskich uniwersytetów. Od oceny jej dotychczasowych osiągnięć i ewentualnego otrzymania stałej posady dzieliły ją tylko dwa lata. Wtedy mieli ją ocenić koledzy po fachu, od których decyzji zależało, czy straci pracę, czy też otrzyma propozycję pozostania na uniwersytecie na stałe. Ellen wiedziała, że ma silną konkurencję. Musiała dużo publikować w naukowych wydawnictwach i bardzo ciężko pracować, żeby w ogóle mieć szansę. Świadomość ta nie opuszczała jej ani na chwilę. Nękana obawami, że nie zdąży ze wszystkim na czas i że działa mało efektywnie, co rano wstawała zmęczona. Czasem budziły ją zmartwienia i wtedy nie mogła powstrzymać natłoku niespokojnych myśli: „O nie, już jest 25. Prawie koniec miesiąca... umówiłam się, że w następnym tygodniu oddam kolejny rozdział książki... jak ja z tym zdążę, skoro do pierwszego mam jeszcze przejrzeć artykuły dla mojego wydawcy?"

Doszła do wniosku, że nie może chodzić na siłownię trzy razy w tygodniu, tak jak planowała. Postanowiła też zrezygnować z kolacji u przyjaciółki, choć naprawdę cieszyła się na to spotkanie. Wprawdzie na krótko poczuła ulgę, jednocześnie jednak odniosła wrażenie, że wpadła w pułapkę pracy, i zaczęła się zastanawiać, czy kiedyś znajdzie czas na życie.

W którymś momencie poczuła, że dłużej nie wytrzyma. Śledząc przebieg swojej spirali zmartwień, odkryła, że próbowała poradzić sobie z lękiem przed nieefektywnością w pracy, przyjmując jeszcze w i ę c e j zadań. Zamiast uszeregować projekty pod względem ważności i odpowiednio zorganizować cenny czas, marnowała energię, pracując chaotycznie i jednocześnie martwiąc się o wszystkie projekty, którymi się akurat nie zajmowała. Jej podyktowane obawami zachowanie zwiększało ryzyko, iż nie zdąży na czas i będzie miała za dużo na głowie.

Ellen zaczęła analizować swoje obawy, rozbijając je na konkretne sytuacje i szukając alternatywnych rozwiązań. Często jednak utykała na etapie oceny dowodów. Zawsze bowiem czuła, że jej sprecyzowane obawy są bardzo prawdopodobne. Skończenie wszystkiego, co zaplanowała, w określonym czasie wydawało się mało realne, a nawet niemożliwe. Sama zastawiła na siebie pułapkę: jej skłonność do podejmowania się zbyt wielu zadań sprawiła, że Ellen nigdy nie mogła dać sobie rady z nawałem pracy. W dodatku miała nierealne oczekiwania co do tempa, w jakim powinna pracować. To było jak samospełniająca się przepowiednia. Jak na ironię, silny lęk i zmartwienia, które wynikały z takiej sytuacji, dodatkowo ją dobijały i przeszkadzały w skutecznym działaniu.

Kiedy zrozumiała, że jej podejście daje skutek odwrotny do zamierzonego, zaczęła uważniej się zastanawiać, które projekty pozwalają najlepiej realizować cele zawodowe, jakie sobie wyznaczyła. Każdego dnia zaczynała pracę od konkretnego, zaplanowanego zadania. Choć czuła dyskomfort, odmawiając niektórym prośbom i negocjując terminy z kolegami, wpłynęło to bardzo pozytywnie zarówno na efektywność jej pracy, jak i na jakość życia. Ellen nareszcie zrozumiała, że dbanie o zdrowie i dobrą kondycję pozwala jej bardziej wydajnie pracować.

Jeśli jej historia brzmi znajomo, zastanów się, czy nie możesz wprowadzić jakichś zmian w swoim postępowaniu, aby poradzić sobie z obawami o pracę. Więcej na ten temat znajdziesz w części „Staw czoło obawom".

Krok 4: Załóż, że stało się najgorsze

Nieważne, jak prawdopodobne lub nierealne wydają się twoje obawy, zawsze warto się zastanowić, jak naprawdę byś się czuła, gdyby się spełniły: Co by się stało, gdybyś rzeczywiście straciła pracę, zawaliła egzaminy, nie dotrzymała terminu lub gdyby twoja praca została nisko oceniona?

- Co stałoby się potem?
- Jakie konkretne kroki podjęłabyś, aby poradzić sobie w takiej sytuacji?
- Co robią inne osoby w podobnych okolicznościach?
- Jakie znaczenie miałoby dla ciebie to, że tak się stało?

To ostatnie pytanie warto sobie zadać zwłaszcza wtedy, gdy w twoich obawach o pracę przewija się temat porażki.

Lęk przed niepowodzeniem

Porażka jest jednym z najczęstszych zakończeń czarnych scenariuszy, jakie tworzą ludzie mający skłonności do obaw, nawet jeśli martwią się czymś innym niż pracą (Hazlett-Stevens i Craske, 2003). Dlaczego wizja niepowodzenia jest tak przerażająca? Przecież porażki nie zdarzają się tylko wtedy, gdy absolutnie unikamy wszelkiego ryzyka. Jeśli jednak nie decydujemy się na żadne ryzyko, nie mamy szans na sukces. Rzecz w tym, że każdy inaczej przeżywa utratę pracy, odmowny list z wymarzonej uczelni lub to, że ktoś jest od nas lepszy.

Trudności pojawiają się w momencie, kiedy błędnie uznajemy, że nasza osobista wartość zależy od tego, co potrafimy osiągnąć. Nietrudno ulec tej pokusie, gdy otrzymujemy nagrody, słyszymy pochwały lub spotykają nas inne dowody uznania. Każdy pragnie czuć się ważny i dobry w tym, co robi. Czasem jednak mamy zwyczaj porównywać się do innych. Kiedy udaje nam się więcej, czujemy się lepsi. Problem w tym, że zgodnie z takim rozumowaniem, jeśli udaje nam się mniej, jesteśmy gorsi. Takie myślenie podwyższa stawkę, sprawia, że czujemy presję, aby następnym razem odnieść większy sukces. Skoro powodzenie w pracy czyni nas godnymi podziwu i bardziej wartościowymi, porażka odbiera nam to wszystko. W ten sposób szybko trafiamy na niebezpieczną ścieżkę, a strach przed niepowodzeniem nas paraliżuje.

Na szczęście jest też dobra wiadomość: można się wyzwolić z takiego błędnego koła. Możesz postanowić, że nie będziesz mierzyła swojej wartości według tego, co osiągasz w pracy. Przestań się porównywać z innymi. Zafunduj sobie lekcję pokory i spojrzyj na własne osiągnięcia i niepowodzenia z innej perspektywy. Dzięki temu poczujesz się wolna i będziesz potrafiła podejmować ryzyko, jeśli uznasz, że warto. Zaczniesz też odczuwać dumę ze swojej pracy i cieszyć się własnymi sukcesami.

Co masz robić, gdy wśród twoich obaw często pojawia się temat niepowodzeń zawodowych? Spróbuj porównać wagę pracy z tym, jakie znaczenie w twoim życiu mają inne wartości. Zadaj sobie następujące pytania:

- Jak ważna jest moja praca w porównaniu ze zdrowiem, rodziną i innymi bliskimi osobami?
- Jeśli sprawy nie ułożą się tak, jak tego pragnę, czy mimo to nadal będę mogła wieść pełne i satysfakcjonujące życie?
- Jeżeli źle wypadnę, czy osoby, które kocham, będą mnie przez to kochały mniej?
- Jeśli mi się nie uda, czy będę potrafiła odczuwać dumę z tego, że znalazłam w sobie odwagę do podjęcia takiej próby?

- Co najbardziej cenię u ludzi? Czy rzeczywiście zwracam uwagę na to, jacy są mądrzy albo jakie odnoszą sukcesy zawodowe?

Krok 5: Zbadaj nowe perspektywy

Rozważając perspektywy, które uwzględnią nowe spojrzenie na sytuację, nie licz na to, że coś się stanie bez twojego udziału. Lepiej się zastanów, co możesz zrobić, jak dasz sobie radę i co spełnienie się najgorszych obaw naprawdę by dla ciebie znaczyło. Czy podejrzewasz, że martwisz się pracą, bo próbujesz uniknąć trudniejszych dylematów życiowych, takich jak poczucie samotności w małżeństwie czy jakieś bolesne doświadczenie? Jeśli tak, bezpośrednio staw czoło tym problemom. Na przykład możesz pracować nad swoim związkiem, otwarcie rozmawiając z partnerem lub decydując się pójść do poradni małżeńskiej. Z bolesnymi doświadczeniami życiowymi możesz się uporać, próbując – przy pomocy dobrego psychologa – zaakceptować emocje, które dotąd ukrywałaś.

STAW CZOŁO OBAWOM

Wiele różnych zachowań podyktowanych obawami towarzyszy zmartwieniom dotyczącym pracy. Na przykład Ellen, obawiając się, że nie pracuje dość wydajnie, podejmowała się większej liczby zadań, niż była w stanie wykonać w określonym czasie. Jeśli podejrzewasz, że bierzesz na siebie zbyt dużo, popracuj nad zmianą zachowania, korzystając ze wskazówek zamieszczonych w następnej części.

Do innych zachowań związanych z obawami o pracę należą zwyczaje świadczące o niecierpliwości oraz ciągłe sprawdzanie, czy wszystko jest jak należy. Do tych pierwszych zaliczamy częste spoglądanie na zegarek, wiercenie się, przytupywanie podczas czekania w kolejce, stukanie palcami o blat, wzdychanie, agresywne prowadzenie samochodu lub zbyt szybką jazdę. Jeśli złapiesz się na wielokrotnym sprawdzaniu wykonanego zadania lub na którymkolwiek z opisanych wyżej zachowań, postaraj się powstrzymać od nich do końca dnia i przekonaj się, co się stanie. Możesz nawet przeprowadzić pewien eksperyment i sprawdzić, jak skutecznie radzisz sobie bez nich. Gdy poczujesz chęć, aby do nich wrócić, potraktuj to jako przypomnienie, że masz się zrelaksować i skupić na chwili obecnej.

Obawy dotyczące pracy często prowadzą także do unikania pewnych działań lub sytuacji. Klasycznym przykładem jest odkładanie spraw na później. Przeważnie robimy to, ponieważ boimy się rezultatu albo tego, jak dużo czasu zabierze nam wykonanie zadania. Jeśli masz taki zwyczaj, wypróbuj strategie opisane w „Pułapkach, które czekają na ociągających się". Zastanów się też, czy nie zwlekasz z innymi sprawami. Może odkładasz na później poszukiwanie lepszej posady, nie prosisz o awans, nie składasz papierów na wymarzoną uczelnię lub rezygnujesz z zawodowych okazji, które uważasz za interesujące.

Zastanów się także, czy nie zapominasz o tym, by dać sobie trochę czasu wolnego i zatroszczyć się o siebie. Ellen podejmowała się zbyt wielu zadań w pracy, jednocześnie rezygnując z ćwiczeń na siłowni oraz spotkań z przyjaciółmi. Jakich przyjemności lub czynności związanych z dbaniem o siebie odmawiasz sobie pod wpływem zmartwień o pracę? Postaraj się wpisać je na nowo w swój plan dnia lub tygodnia, podobnie jak wpisujesz w kalendarz spotkania i projekty zawodowe.

Z rozdziału 5 dowiedziałaś się, jak dostrzegać zachowania podyktowane chęcią ucieczki przed jakimiś okolicznościami i jak stopniowo opanowywać te sytuacje dzięki drabinie śmiałości. Nauczyłaś się też rezygnować z postępowania warunkowanego obawami, na przykład z nieustannego sprawdzania, czy wszystko jest w porządku. Oto konkretne zmiany zachowania, jakie możesz wypróbować, jeśli martwisz się o pracę, szkołę lub osiągnięcia.

Przestań brać na siebie zbyt dużo

Co powinnaś robić, jeśli w pracy bierzesz na siebie zbyt wiele obowiązków? Zacznij od tego, że odtąd masz się zastanowić, zanim podejmiesz się kolejnego zadania. W ten sposób dasz sobie szansę rzetelnej oceny, czy naprawdę masz na to czas i czy przyjęcie nowego projektu leży w twoim interesie. Kiedyś na pewno będziesz musiała odmówić. Niektóre kobiety podejmują się zbyt wielu rzeczy, ponieważ boją się asertywnie przedstawić swój punkt widzenia lub odmówić nierealnym prośbom innych osób. Jest to szczególnie trudne, gdy chodzi o prośbę szefa lub kogoś, kto zajmuje wyższe stanowisko. Dlatego zastanów się, jak uświadomić szefowi, że masz już więcej pracy, niż jesteś w stanie wykonać. Jednym ze sposobów jest zapytanie, które z twoich obowiązków są priorytetowe, lub zaproponowanie, że wspólnie zdecydujecie, jak powinnaś zorganizować czas pracy. Potem stwórz konkretny plan i trzymaj się go, realizując zadania, jedno po drugim, według ich ważności.

Jeśli unikasz sytuacji, w których musisz komuś odmówić lub poprosić szefa o pomoc, sporządź listę innych, podobnych okoliczności, które nie wywołują w tobie lęku. Wpisz je w swoją drabinę śmiałości, zaczynając od najmniej wymagającego zadania na samym dole, a kończąc na najtrudniejszym. Tak jak w rozdziale 5, zaplanuj dokładnie, jak i kiedy spróbujesz podołać sytuacji z pierwszego szczebla, wykonaj swój plan, po czym przejdź o szczebel wyżej. Możesz najpierw przećwiczyć wszystko z przyjaciółką i poprosić ją o opinię.

Osoby, które podejmują się zbyt wielu obowiązków, mogą też wypróbować inną strategię polegającą na delegowaniu zadań. Może to być trudne, jeśli masz skłonności do perfekcjonizmu. Pewnie się obawiasz, że inni nie zrobią czegoś w określony sposób, lub nie wierzysz, że wykonają zadanie solidnie. Takie lęki możesz jednak pokonać, celowo zlecając niektóre prace bądź ich część. Jeżeli masz współpracowników, którzy dzielą z tobą obowiązki, bądź podwładnych pracujących dla ciebie, zmuś się i poproś ich o pomoc lub określ zadania, które mogłabyś im zlecić. Zrezygnuj z założenia, że wszystko musisz zrobić samodzielnie lub że każda, nawet najmniej ważna rzecz musi zostać wykonana idealnie.

Pułapki, które czyhają na ociągających się

Niemal każdemu zdarza się czasem odłożyć coś na później. Dlaczego to takie kuszące? Po części dlatego, że obawiamy się, czy ostateczny produkt lub wynik okażą się wystarczająco dobre. Poza tym takie postępowanie leży w naszej naturze. Podstawowa część naszego mózgu jest tak zaprogramowana, aby szukać przyjemności i unikać tego, co niemiłe – a praca nie zawsze jest miła. Mimo to często zmuszamy się do niej, ponieważ wiemy, jakie korzyści przyniesie nam później.

Czasami jednak ulegamy pokusie i odkładamy jakieś zadanie na potem. Niestety – tak jak w przypadku innych zachowań powodowanych lękiem – już samo zwlekanie z wykonaniem jakiejś pracy może sprawić, że będzie ona budziła w nas coraz większe obawy i doprowadzi do negatywnych myśli: „Czy ja w ogóle dam temu radę? A jeśli nie wyjdzie dobrze? Może jestem za słaba?” W takich sytuacjach twoja pewność siebie znika. Poza tym, im dłużej z czymś zwlekasz, tym mniej czasu zostawiasz sobie na wykonanie danego zadania. Szybko zaczynasz boleśnie zdawać sobie z tego sprawę i obiecujesz sobie, że zabierzesz się do tego już następnego dnia. Choć na moment doświadczasz ulgi, to jednocześnie czujesz się bezsilna, tak jakbyś nie była w stanie kontrolować swojego działania. Wątpliwości, które miałaś na początku, urastają do gigantycznych rozmiarów. To, co wcześniej wydawało się wykonalnym i realnym zadaniem, ma wielkość Mount Everestu!

Jak w takiej sytuacji masz przerwać to błędne koło? Zacznij od rozbicia całego zadania na małe, ściśle określone etapy. Biegacze nie przygotowują się do maratonu, zaczynając od razu od czterdziestokilometrowych biegów. Na początek pokonują serię krótszych dystansów i budują swoją wytrzymałość według dokładnie opracowanego programu treningów. Zamiast skupiać się na całej długości maratonu, każdego dnia koncentrują się na zaplanowanym dystansie.

Która część zadania jest najłatwiejsza, od jakiej możesz zacząć d z i s i a j? Stwórz drabinę konkretnych kroków, tak jak nauczyłaś się tego z rozdziału 5. Zacznij od najprostszej i najmniej wymagającej części. Twoja drabina powinna przedstawiać konkretny harmonogram, z wyszczególnieniem tego, kiedy będziesz pracowała i co zamierzasz zrobić w tym czasie. Przypuśćmy, że jesteś studentką, która odkłada napisanie pracy semestralnej. Możesz zacząć od pójścia na dwie godziny do biblioteki i sprawdzenia katalogów oraz baz danych w poszukiwaniu materiałów.

Potem zobowiąż się poświęcać swojemu zadaniu określoną ilość czasu każdego dnia. Osiągnięcie kolejnych etapów często trwa dłużej, niż planowaliśmy, więc nie zniechęcaj się, jeśli, pomimo trzymania się harmonogramu, postępy nie są tak duże, jak zakładałaś. Z tego powodu, wyznaczając cele, lepiej określaj, ile czasu poświęcisz na pracę, a nie jak wiele w tym czasie powinnaś osiągnąć. Chcesz znać sekret, który pomoże ci pokonać chęć odkładania spraw na później? Wystarczy, że dotrzymasz obietnicy, jaką sobie złożysz, i każdego dnia będziesz się trzymała planu. Jeśli coś ci w tym przeszkodzi, po prostu dostosuj swój harmonogram i nie zniechęcaj się. Stosując strategie poznane w rozdziale 4, analizuj wszelkie obawy, jakie zauważysz podczas tego procesu.

ODPRĘŻ CIAŁO I UMYSŁ

Jeśli twoje obawy w dużej mierze dotyczą spraw zawodowych, prawdopodobnie często jesteś spięta w pracy. Wykonując ćwiczenia z rozdziału 6, zaczęłaś się uczyć metod relaksacji, takich jak powolne i głębokie oddychanie, rozluźnianie mięśni lub wizualizacja. Wiesz też, jak stosować te umiejętności, kiedy podczas monitorowania myśli dostrzeżesz jakąś tworzącą się spiralę obaw.

Rób małe przerwy

Jak możesz wpleść ćwiczenia relaksacyjne w typowy dzień pracy? Oczywiście, im sumienniej przerabiasz ćwiczenia z rozdziału 6 w domu, tym łatwiej przyjdzie ci skorzystanie z tych umiejętności, kiedy okażą się potrzebne gdzie indziej. Sztuka stosowania metod relaksacji w pracy polega na zaplanowaniu krótkich przerw w ciągu dnia. Określ dokładnie, kiedy możesz się wyłączyć na pięciominutowe sesje, żeby się rozluźnić. Co godzinę wstawaj na chwilę od biurka. Albo wyjdź na świeże powietrze dwa razy przed lunchem i dwa razy po południu, między kolejnymi zadaniami.

Poświęć te krótkie przerwy na sprawdzenie sposobu oddychania i ewentualne rozluźnienie napiętych mięśni. Zmień płytkie oddychanie na głęboki i płynny oddech przeponą, tak jak nauczył cię tego rozdział 6. Uwolnij się od niepotrzebnego napięcia mięśni najlepiej jak potrafisz. Jeśli ci to pomaga, zacznij od celowego napinania grup mięśni, aby rozgrzać się przed ich rozluźnieniem. Jeśli możesz, udaj się w jakieś spokojne miejsce, na przykład do własnego gabinetu lub kabiny w toalecie, zamknij oczy i poświęć dwie lub trzy minuty na przywołanie w wyobraźni przyjemnego obrazu. Skryj się w swoim wyimaginowanym sanktuarium, tak jak ćwiczyłaś w rozdziale 6.

Ustal, co będzie ci przypominało o relaksacji

Oprócz stosowania umiejętności szybkiego rozluźniania się podczas krótkich przerw, postanów, że niektóre powtarzające się w pracy czynności lub sytuacje będą ci przypominały o relaksacji. Za każdym razem, gdy coś takiego się dzieje, na sekundę się odpręż – weź głęboki wdech i rozluźnij ciało. Z czasem nauczysz się to robić w kilka sekund.

Na przykład, gdy dzwoni telefon, pozwól, aby zadzwonił o jeden raz więcej, i wykorzystaj tę chwilę na rozluźnienie ramion i głęboki oddech. Innymi okazjami mogą się stać wizyty w toalecie, wysyłanie faksów czy picie wody lub kawy.

SKUP SIĘ NA CHWILI OBECNEJ

Wykształcając nowe nawyki relaksacji w trakcie pracy, ćwicz jednocześnie skupianie się na chwili teraźniejszej. Rozdział 7 zapoznał cię ze świadomym wykonywaniem automatycznych czynności, takich jak jedzenie i oddychanie. Tego typu świadomą obecność możesz zastosować także w pracy. Analizując swoje obawy i lęki, zwróć uwagę na to, kiedy wybiegasz myślami w przyszłość, martwiąc się o pracę, lub cofasz się w przeszłość, roztrząsając coś, co już się wydarzyło. Za każdym razem, gdy się na tym przyłapiesz, ponownie skup się na zadaniu, które w danej chwili wykonujesz.

Martwiąc się o pracę, często skupiamy się na rezultatach naszych wysiłków zamiast na samym procesie działania. Kiedy przenosisz swoje myśli z powrotem na chwilę obecną, postaraj się naprawdę skoncentrować na tym, co robisz w pracy. Doceń stymulację intelektualną, jaką zapewnia zmierzenie się z trudnym zadaniem. Pozwól, aby wciągnął cię proces tworzenia. Dlaczego zdecydowałaś się na ten rodzaj pracy? Dla przyjemnego uczucia, jakie towarzyszy pomaganiu innym lub uczeniu ich? Dla natchnienia, jakie czujesz, kiedy sprawdzasz, do czego jesteś zdolna, lub poznajesz coś nowego? Przypomnij sobie, co najbardziej ci się podoba w twojej pracy. Odkryj na nowo szczególną wewnętrzną satysfakcję, jaką ci daje, zamiast przejmować się tym, jakie zewnętrzne nagrody możesz otrzymać w przyszłości.

PRACA I OSIĄGNIĘCIA

Zyskaj nową perspektywę

Bądź konkretna

- Sprecyzuj ogólne określenia, takie jak „porażka", „sukces" czy „dość dobrze".

Stwórz inne możliwości

- Nie zakładaj, że wszystkie aspekty twojej sytuacji zawodowej pozostaną zawsze niezmienne.

Przyjrzyj się dowodom

- Obiektywnie oceń, jak radziłaś sobie w przeszłości.

Załóż, że stało się najgorsze

- Nie stawiaj znaku równości między swoją wartością jako człowieka a tym, co możesz osiągnąć.

Zbadaj nowe perspektywy

- Skup się na tym, co możesz zrobić i jak dasz sobie radę.

Staw czoło obawom

- Zrezygnuj z pedantycznego sprawdzania każdego szczegółu oraz z wywierania na siebie presji.
- Przestań brać na siebie zbyt wiele obowiązków.
- Wróć do przyjemności i zatroszcz się o siebie.
- Pokonaj chęć odkładania spraw na później, zaczynając od najprostszych rzeczy jeszcze d z i s i a j.

Odpręż ciało i umysł

- Rób sobie krótkie przerwy w ciągu dnia na ćwiczenia relaksacyjne.
- Wybierz zwykłe czynności, które będą ci przypominały, że masz się odprężyć.

Skup się na chwili obecnej

- Kiedy błądzisz myślami, skup uwagę na pracy.
- Świadomie doświadczaj tego, co robisz, zamiast myśleć o wynikach.

Rozdział 10

LĘK PRZED DOZNANIEM FIZYCZNEJ KRZYWDY I OBAWY O BEZPIECZEŃSTWO

OBAWY O BEZPIECZEŃSTWO

Ludzie znajdują się w trudnym położeniu. Potrafimy wybiegać myślą naprzód i planować przyszłość, ale ta umiejętność zarazem sprawia, że jesteśmy świadomi własnej śmiertelności oraz możliwości utraty tych, których najbardziej kochamy. Umiemy snuć wspaniałe fantazje oraz wyobrażać sobie potworne tragedie, przez cały czas w głębi duszy wierząc, że nawet najbardziej nieprawdopodobne może się wydarzyć. Jedyną pewną w życiu rzeczą jest to, że pewnego dnia dobiegnie ono końca. Uzmysłowienie sobie tego sprawia, że czujemy się śmiertelni, bezbronni i mali. Żałujemy, że nie ma sposobu na odsunięcie w czasie tego, co nieuchronne.

Niektóre osoby, martwiąc się, próbują sprawić, że przyszłość stanie się pewniejsza. Myślą, że jeśli uda im się przewidzieć życiowe tragedie i zapobiec im, może zdołają przejść przez życie bez emocjonalnego bólu, żalu lub poczucia straty. Oczywiście zawsze możemy to w pewnym stopniu kontrolować. Każdy z nas odgrywa aktywną rolę w swojej przyszłości, bez względu na to, czy ma tego świadomość czy nie. Jednocześnie musimy zaakceptować własne ograniczenia w kontrolowaniu otaczającego nas świata. Ciągłe próby przewidzenia tego, co nieprzewidywalne, i zapanowania nad tym, co nie poddaje się naszej kontroli, wyczerpują nas, wywołują niepotrzebny lęk i powstrzymują przed pełnym doświadczaniem życia, które ma dla nas tak wielką wartość!

Obawy o bezpieczeństwo zwykle wiążą się z lękiem, że tobie, twoim dzieciom lub bliskim stanie się jakaś fizyczna krzywda. Potrafią one wywoływać silne emocje strachu i smutku wkrótce po tym, jak zaczynamy się martwić. Zdarza się, że naszą wyobraźnię opanowują wizje katastrof i nie możemy usunąć z myśli przerażających i bardzo żywych obrazów. Sprawiają one, że wydarzenie, którego się obawiamy, wydaje się bardziej prawdopodobne, w wyniku czego ogarnia nas przekonanie, że może do niego dojść już wkrótce, bez względu na to, co mówią statystyki. Tak właśnie czuła Jenna, trzydziestoczteroletnia matka, trapiona obawami o to, że jej pięcioletniemu synowi stanie się krzywda.

Jenna: Wizje katastrofy

Pod wieloma względami Jenna była zupełnie zwyczajną, zajmującą się domem mamą. Bardzo kochała swojego syna Michaela, ale często łapała się na tęsknocie za okresem, kiedy jej życie było prostsze. Wracała myślami do czasu studiów i dziwiła się swojej ówczesnej odwadze i beztrosce. Jako osiemnastolatka przeniosła się na drugi koniec kraju, żeby chodzić do szkoły w Nowym Jorku. Wprawdzie skończyła kurs samoobrony i nauczyła się unikać niebezpiecznych sytuacji, takich jak samotne wędrówki pustymi ulicami po zmroku, ale tak naprawdę nigdy nie obawiała się o swoje bezpieczeństwo. Prawdę mówiąc, rzadko martwiła się czymkolwiek.

Wszystko się zmieniło, gdy na świat przyszedł Michael. Choć mieszkali w bezpiecznej okolicy na przedmieściach Connecticut, Jenna wszędzie dostrzegała niebezpieczeństwa czyhające na jej syna. Podobnie jak większość świeżo upieczonych matek, zadbała o to, aby jej dom był bezpieczny dla dziecka, i przed kupnem każdego produktu sprawdzała jego współczynnik bezpieczeństwa. Nic jednak nie było w stanie zagłuszyć dokuczliwych obaw, że może ich dotknąć jakaś niespodziewana tragedia.

Kiedy pięcioletni Michael zaczął regularnie bawić się poza domem, obawy Jenny się nasiliły. Za każdym razem, gdy patrzyła, jak bawi się w parku z kolegami, dopadały ją realistyczne i drastyczne wizje tego, co może się stać. Pewnego dnia wyobraziła sobie, jak Michael spada z drabinek i rozbija sobie głowę. Innym razem, jak wpada pod samochód i leży na ulicy, krwawiąc. Takie obrazy wdzierały się w jej świadomość i prześladowały ją przez resztę dnia. Radziła sobie ze strachem, ograniczając swobodę Michaela i bezustannie czuwając nad nim podczas zabawy. Chociaż inne matki żartowały, że jest nadopiekuńcza, ona i tak wierzyła, że musi przewidywać każdą możliwą katastrofę.

Jeśli historia Jenny brzmi znajomo lub jeżeli żywisz podobne obawy o bezpieczeństwo, w tym rozdziale znajdziesz pomoc. Jednakże w przypadku niektórych kobiet lęk przed fizyczną krzywdą i strach o bezpieczeństwo są odzwierciedleniem niebezpiecznej sytuacji, w jakiej się znalazły. Jeśli żyjesz w związku, w którym dochodzi do przemocy fizycznej, lub musisz sobie radzić z przemocą w rodzinie, powinnaś podjąć działania, które zapewnią ci bezpieczeństwo. Natomiast w sytuacji, gdy nic ci bezpośrednio nie zagraża, a mimo to martwisz się o bezpieczeństwo, możesz się nauczyć stosować strategie opisane w części 2. Możesz też wykonać kserokopię tabeli z końca tego rozdziału i nosić ją ze sobą – przypomni ci o tych strategiach, zawsze gdy zauważysz, że boisz się o bezpieczeństwo własne lub twoich bliskich.

ZYSKAJ NOWĄ PERSPEKTYWĘ

Rozdział 4 nauczył cię pięciu kroków pozwalających ocenić twoje obawy w nowy sposób i dojrzeć nowe perspektywy. Po pierwsze, dowiedziałaś się, jak sprowadzić nieokreślone lęki do konkretnych przewidywań lub interpretacji (bądź konkretna). Następnie znalazłaś inne ewentualności (stwórz inne możliwości) i oceniłaś prawdopodobieństwo spełnienia się twoich obaw oraz pozostałych opcji, jakie wymieniłaś (przyjrzyj się dowodom). Potem nauczyłaś się rzetelnie oceniać, co by się stało, gdyby twoje obawy okazały się słuszne i jak byś sobie wtedy poradziła (załóż, że stało się najgorsze). W końcu znalazłaś nową perspektywę, bardziej zrównoważoną i wywołującą mniejszy lęk niż pierwotne myśli (zbadaj nowe perspektywy). Oto kilka wskazówek, które mogą się okazać szczególnie pomocne w ponownej ocenie twoich obaw o bezpieczeństwo twoje i bliskich.

Krok 1: Bądź konkretna

Zacznij od określenia, co dokładnie może się stać według twoich przewidywań. Jeśli stwierdzisz, że możesz podjąć jakieś konkretne kroki, aby zapobiec niebezpieczeństwu, zrób to. Na przykład, jeśli boisz się, że twój maluch przypadkiem zatruje się jakąś szkodliwą substancją, postaraj się zminimalizować takie ryzyko i przyczep do drzwi lodówki numer ośrodka informacji toksykologicznej oraz inne numery alarmowe. Jeżeli zadbałaś o wszelkie zabezpieczenia, obawy działają tylko na twoją niekorzyść.

Krok 2: Stwórz inne możliwości

Szukając możliwości, rozważ mniej dramatyczne, bardziej zwyczajne rozwiązania, które nie wywołują w tobie tak intensywnych emocji. Co, poza tragedią, jakiej się obawiasz, mogłoby się wydarzyć w danych okolicznościach? Jenna odkryła kilka innych opcji, które były mniej drastyczne od wizji Michaela spadającego z drabinek i rozbijającego sobie głowę. Uświadomiła sobie, że wprawdzie chłopiec może spaść, ale tylko zadrapie sobie kolano albo dozna innego urazu, z którego się wyleczy, na przykład złamie rękę. Może też bawić się na drabinkach i wcale nie spaść.

Krok 3: Przyjrzyj się dowodom

Analizując dowody, być może stwierdzisz, że przesadzasz w ocenie prawdopodobieństwa jakiegoś wydarzenia. Zapewne uważasz je za realne, bo wiesz, jak okropne byłoby spełnienie się twoich obaw. Tymczasem wcale nie staje się to bardziej prawdopodobne tylko dlatego, że tak myślisz. Podobnie jest z tragicznymi zdarzeniami, o których słyszysz w wiadomościach – nie muszą cię spotkać dlatego, że przydarzyły się komuś innemu. Przecież wspomniano o nich w dzienniku właśnie dlatego, że rzadko do nich dochodzi. Gdybyś w zbieraniu informacji o świecie polegała wyłącznie na wiadomościach w prasie, radiu czy telewizji, stworzyłabyś sobie bardzo ograniczony i wypaczony obraz. Z kolei, gdyby w wiadomościach relacjonowano zwyczajne wydarzenia, stale bombardowałyby nas newsy w rodzaju: „Julia Smith bezpiecznie dotarła dziś z pracy do domu" lub „Samolot o numerze lotu 901 właśnie wylądował o czasie na lokalnym lotnisku".

Zastanów się, czy na twoje rozumowanie nie mają wpływu jakieś silne emocje. Wizje, które tworzymy pod wpływem obaw o bezpieczeństwo, mogą sprawić, że dane wydarzenie wydaje się nam o wiele bardziej realne niż wcześniej. Dzieje się tak dlatego, że obraz wywołuje głębokie uczucia łatwiej niż słowa. Uważaj, aby nie pomylić swoich wyobrażeń i powodowanych przez nie emocji z dowodami, że rzeczywiście może dojść do tragedii.

Krok 4: Załóż, że stało się najgorsze

Co masz robić, gdy po przeanalizowaniu wszystkich dowodów stwierdzisz, że ryzyko spełnienia się twoich obaw jest bardzo niewielkie, a mimo to nie potrafisz się od nich uwolnić? Jak postąpić, jeśli przewidywana przez ciebie tragedia ma zaledwie 0,001% szans się wydarzyć, lecz to wystarcza, żeby cię zdenerwować? W takiej sytuacji tym ważniejsze jest doprowadzenie całego procesu do końca. Załóż, że stało się najgorsze, i zastanów się: Jak poradzisz sobie z tragedią, jeśli naprawdę do niej dojdzie? Co zrobisz?

Boisz się, że się załamiesz i poddasz rozpaczy? Pamiętaj, że ludzie są w stanie znieść nawet najgłębszy ból emocjonalny. Czasem potrafią nawet doszukać się w nim sensu. Historia zna przypadki osób, które przetrwały najcięższe okoliczności, ale współczesna kultura każe nam myśleć, że tragedie nie powinny się zdarzać. Spodziewamy się, że uda nam się przejść przez życie bez szwanku, więc jeśli dosięgnie nas tragedia, uważamy, iż nam się nie powiodło. Rozważając taki scenariusz, nie broń się przed bezradnością. Jeżeli stanie się najgorsze, nie od razu zdołasz się z tym uporać – być może twoje życie już nigdy nie będzie takie samo. Niewykluczone jednak, że znajdziesz w nim sens, jakiego nawet sobie nie wyobrażałaś.

Obawy o bezpieczeństwo pojawiają się, gdy czujesz się odpowiedzialna za wszystko i wszystkich wokół. Uważnie przeanalizuj wszelkie przekonania, że powinnaś umieć przewidzieć każdą sytuację i zapobiec wszelkim katastrofom. Może chcesz zapanować nad wszystkim, co mogłoby się wydarzyć w przyszłości, jednocześnie mając świadomość, że jest to niemożliwe. Takie nastawienie prowadzi w końcu do zwątpienia i przekonania, że jesteś bezsilna. Obie te skrajności – postrzeganie siebie jako bezradnej i zupełnie zależnej od otoczenia lub wiara w to, że masz absolutną kontrolę nad wszystkim – mogą cię wpędzić w spiralę obaw.

Krok 5: Zbadaj nowe perspektywy

Badając nowe perspektywy, zastanów się, czy skrycie nie wierzysz w „skuteczność" obaw o bezpieczeństwo. Może uważasz, że zamartwianie się zapobiegnie jakimś tragicznym wydarzeniom, bo stale masz się na baczności? Tylko w jakim stopniu jesteś w stanie czuwać nad tym, co dzieje się wokół, kiedy twoje myśli ciągle są zaprzątnięte obawami o przyszłość? Porównaj sytuacje, w których się martwiłaś, z tymi, w których naprawdę żyłaś chwilą obecną. Czy nie jesteś w stanie skuteczniej reagować, gdy skupiasz całą uwagę na tym, co w danym momencie się dzieje?

Spróbuj dostrzec wady kurczowego trzymania się obaw o bezpieczeństwo. Jeśli jesteś matką, która drży o swoje dzieci, może przez swoje zmartwienia nie potrafisz cieszyć się wychowywaniem maluchów? A przecież zazwyczaj właśnie dlatego pragniemy mieć potomstwo. Pamiętaj, że nasze możliwości kontrolowania przyszłości są ograniczone. Zamiast spędzać całe życie na zamartwianiu się i podtrzymywaniu iluzji, że masz pełną kontrolę nad światem, lepiej pogódź się z ograniczeniami i mierz się z tym, co ci życie zgotuje.

STAW CZOŁO OBAWOM

Rozdział 5 nauczył cię, jak krok po kroku stawiać czoło temu, przed czym wcześniej wolałaś uciec. Jakich działań lub sytuacji unikasz z obawy o bezpieczeństwo? Może czasem wolisz nie oglądać, nie czytać i nie słuchać wiadomości? Nie zapomnij też o mniej oczywistych przykładach, na przykład o unikaniu rozmów na temat tragedii. Zmieniasz temat, gdy znajomi rozmawiają o czymś przykrym? Nie oglądasz filmów przedstawiających tragiczne wydarzenia? Ucz się stopniowo stawiać czoło takim sytuacjom i nie broń się przed otwartością na to, co niesie świadomość własnej śmiertelności.

Zwracaj uwagę na zachowania podyktowane obawą o bezpieczeństwo. Czy ciągle wydzwaniasz do bliskich, aby się upewnić, że nic im nie grozi? Jesteś nadopiekuńcza wobec dzieci i nie pozwalasz im na to, co mogą robić ich rówieśnicy? Uważaj, abyś mimowolnie nie wpoiła im przekonania, że świat jest niebezpieczny i przerażający – maluchy są bardzo spostrzegawcze i zauważają wiele naszych zachowań i obaw. Kiedy kusi cię, aby zrobić coś pod wpływem lęku o bezpieczeństwo, zmuś się do innego zachowania.

ODPRĘŻ CIAŁO I UMYSŁ

Z rozdziału 6 nauczyłaś się kilku metod relaksacji. Obawy o bezpieczeństwo szybko sprawiają, że stajemy się spięci. Monitorując swoje lęki, zwróć uwagę, jak reaguje na nie twoje ciało. Sprawdź, czy oddech nie stał się płytki i szybki – to wskazówka, że powinnaś poświęcić chwilę na ćwiczenia oddechowe. Wyczuwasz nadmierne napięcie mięśni? Kiedy przyłapiesz się na obawach o bezpieczeństwo, rozluźnij się, oddychając powoli i głęboko. Potem, gdy będziesz miała więcej czasu, uważnie przeanalizuj owe lęki i staw im czoło.

SKUP SIĘ NA CHWILI OBECNEJ

Dostrzegając obawy o bezpieczeństwo i stosując ćwiczenia relaksacyjne, postaraj się jednocześnie przenieść swoje myśli w teraźniejszość. Pamiętaj, że najlepiej reagujemy na to, co się dzieje wokół nas, jeśli całą uwagę skupiamy na „tu" i „teraz". Poczuj, jak to jest naprawdę być obecną i świadomą danej chwili. Zauważ wdzięczność, jaką czujesz, gdy doceniasz to, co masz. Jeśli martwisz się o bezpieczeństwo ukochanej osoby, zastanów się, jakie uczucia wywołuje w tobie świadomość, że ten ktoś jest t e r a z częścią twojego życia. Dzięki temu pytaniu przestaniesz się martwić tym, co mogłoby się wydarzyć, a docenisz to, że masz przy sobie tego człowieka.

LĘK PRZED DOZNANIEM FIZYCZNEJ KRZYWDY I OBAWY O BEZPIECZEŃSTWO

Zyskaj nową perspektywę

Bądź konkretna

- Czy możesz coś zrobić?

Stwórz inne możliwości

- Poszukaj mniej drastycznych ewentualności.

Przyjrzyj się dowodom

- Żadne wydarzenie nie staje się bardziej realne tylko dlatego, że o nim myślisz.
- Nie traktuj swoich wizji i przeczuć jako dowodów na to, że coś jest realne.

Załóż, że stało się najgorsze

- Potrafisz sobie poradzić z przeciwnościami.

Zbadaj nowe perspektywy

- Uwolnij się od ukrytych przekonań, które każą ci wierzyć w sens obaw.

Staw czoło obawom

- Przestań unikać rozmów lub filmów dotyczących tragicznych wydarzeń.
- Zrezygnuj z nadmiernie ostrożnych zachowań podyktowanych obawami o bezpieczeństwo.

Odpręż ciało i umysł

- Uwolnij się od napięcia mięśni i zacznij głęboko oddychać.

Skup się na chwili obecnej

- Wróć myślami do radości, jakie daje ci obecna chwila.

Rozdział 11

PODSUMOWANIE

Mam nadzieję, że dowiedziałaś się czegoś nowego o naturze obaw i odkryłaś inne sposoby reagowania na nie. Jeśli najczęściej martwisz się o związki, pracę lub bezpieczeństwo, nauczyłaś się też dostosowywać ogólne strategie działania do konkretnych lęków. Co masz jednak robić, jeżeli trapią cię drobne sprawy nie mieszczące się w żadnej z tych kategorii? Wiele kobiet wpada w pułapkę martwienia się o drobnostki – codzienne kłopoty, jakim muszą sprostać: spóźnienia na spotkania, wyprawianie dzieci do szkoły, szukanie miejsca na parkingu, naprawa samochodu, gotowanie obiadów czy dopilnowanie odrabiania lekcji. Jeśli twoje obawy dotyczą takich właśnie spraw, wypróbuj strategie opisane w rozdziale 2. Możesz też pójść na skróty i spojrzeć na zmartwienia z innej perspektywy, zadając sobie następujące pytania:

- Co będzie, jeśli rzeczywiście tak się stanie?
- Dlaczego to taki wielki problem?
- Jakie to ma znaczenie w porównaniu z tym, co naprawdę liczy się w moim życiu?

Porównaj znaczenie, jakie przypisujesz drobniejszym zmartwieniom, z tym, na czym naprawdę ci zależy. Możesz nawet sporządzić listę spraw, które są dla ciebie najważniejsze. To pozwoli ci skupić się na rzeczach, które rzeczywiście cenisz, i doświadczyć radości i wdzięczności za to, co masz. Taka postawa ułatwi ci uwolnienie się od drobnych zmartwień.

Zrobiłaś ogromny krok naprzód, czytając tę książkę. Pamiętaj, że masz możliwość wzbogacenia własnego życia i wyrwania się ze spirali zmartwień. Życzę ci powodzenia w dalszych ćwiczeniach i w kontynuacji podróży ścieżką samopoznania!

ŹRÓDŁA

JAK ZNALEŹĆ PSYCHOLOGA

Dane placówek i psychologów polecanych przez Polskie Towarzystwo Psychologiczne można znaleźć na stronie internetowej tej organizacji: www.ptp.org.pl.

LEKTURY UZUPEŁNIAJĄCE

Napady paniki i fobie

Antony, M., *Mastery of Your Specific Phobia: Client Workbook*, Graywind Publications, Boulder, Colorado, 1995.

Antony, M. i R. McCabe, *10 Simple Solutions to Panic: How to Overcome Panic Attacs, Calm Phisical Symptoms, and Reclaim Your Life*, New Harbinger Publications, Oakland, California, 2004.

Barlow, D. i M. Craske, *Master of Your Anxiety and Panic: Client Workbook (MAP-3)*, 3 wydanie, Psychological Corporation, San Antonio, Texas, 2000.

Bourne, E., *The Anxiety and Phobia Workbook*, 4 wyd., New Harbinger Publications, Oakland, California, 2005.

Brown, D., *Flying Without Fear*, New Harbinger Publications, Oakland, California, 1996.

Pollard, C. A. i E. Zuercher-White, *The Agoraphobia Workbook: A Comprehensive Program to End Your Fear of Symptom Attacks*, New Harbinger Publications, Oakland, California, 2003.

Zuercher-White, E., *An End to Panic: Breaking Techniques for Overcoming Panic Disorder*, New Harbinger Publications, Oakland, California, 1998.

Nieśmiałość i fobia społeczna

Antony, M., *10 Simple Solutions to Shyness*, New Harbinger Publications, Oakland, California, 2004.

Antony, M. i R. Swinson, *The Shyness and Social Anxiety Workbook: Proven Techniques for Overcoming Your Fears*, New Harbinger Publications, Oakland, California, 2000.

Hope, D., R. Heimberg, H. Juster i C. Turk, *Managing Social Anxiety: A Cognitive-Behavioral Therapy Approach*, Psychological Corporation, San Antonio, Texas, 2000.

Markway, B., C. Carmin, C. A. Pollard i T. Flynn, *Dying of Embarrassment: Help for Social Anxiety and Social Phobia*, New Harbinger Publications, Oakland, California, 1992.

Phelps, S. i N. Austin, *Kobieta asertywna*, Dom Wydawniczy REBIS, Poznań 2002.

Stein, M. i J. Walker, *Triumph Over Shyness: Conquering Shyness and Social Anxiety*, McGraw-Hill, New York, 2002.

Obawy o zdrowie

Zgourides, G., *Stop Worrying about Your Health! How to Quit Obsessing about Symptoms and Feel Better Now*, New Harbinger Publications, Oakland, California, 2002.

Depresja

Addis, M. i C. Martell, *Overcoming Depression One Step at a Time: The New Behavioral Activation Approach to Getting Your Life Back*, New Harbinger Publications, Oakland, California, 2004.

Amen, D. G., *Leczenie lęków i depresji*, Dom Wydawniczy REBIS, Poznań 2005.

Bieling, P. i M. Antony, *Ending the Depression Cycle: A Step-by-Step Guide for Preventing Relapse*, New Harbinger Publications, Oakland, California, 2003.

Burns, D., *Radość życia: Nowa terapia zaburzeń nastroju*, Zysk i S-ka, Poznań 2005.

Nolen-Hoeksema, S., *Women Who Think Too Much: How to Break Free of Overthinking and Reclaim Your Life*, Henry Holt and Company, New York 2003.

Steiner, M., *Depresja u kobiet: zaburzenia nastroju związane z cyklem rozrodczym*, „Via Medica", Gdańsk 1999.

Ćwiczenie świadomego uczestnictwa

Albers, S., *Eating Mindfully: How to End Mindless Eating and Enjoy a Balanced Relationship with Food*, New Harbinger Publications, Oakland, California, 2003.

Brantley, J., *Calming Your Anxious Mind: How Mindfulness and Compassion Can Free You From Anxiety, Fear, and Panic*, New Harbinger Publications, Oakland, California, 2003.

Kabat-Zinn, J., *Full Catastrophe Living*, Dell Publishing, New York 1990.

– *Właśnie jesteś: przewodnik uważnego życia*, Jacek Santorski & CO Agencja Wydawnicza, Warszawa 1995.

Seks i porozumiewanie się

Foley, S., S. Kope i D. Sugrue, *Sex Matters for Women: A Complete Guide to Taking Care of Your Sexual Self*, Guilford Press, New York 2002.

Zoldbrod, A. i L. Dockett, *Sex Talk: Uncensored Exercises for Exploring What Really Turns You On*, New Harbinger Publications, Oakland, California, 2002.

BIBLIOGRAFIA

Anxiety Disorders Association of America, 2003. Statistics and Facts about Anxiety Disorders, www.adaa.org/media room/index.cmf

Arcus, D. i J. Kagan, *Temperament and craniofacial variation in the first two years.* „Child Development" 66(5): 1529-1540.

Bernstein, D. i T. Borkovec, *Progressive Relaxation Training: A Manual for the Helping Professions*, Research Press, Champaign 1973.

Bernstein, D. i T. Borkovec i H. Hazlett-Stevens, *New Directions in Progressive Relaxation Training: A Guidebook for Helping Professionals*, Praeger Publishers, Westport, Connecticut, 2000.

Borkovec, T., M. Newman, A. Pincus i R. Lytle, *A component analysis of cognitive behavioral therapy for generalized anxiety disorder and the role of interpersonal problems.* „Journal of Consulting and Clinical Psychology" 70:288-298, 2002.

Borkovec, T. i A. Ruscio, *Psychotherapy for generalized anxiety disorder.* „Journal of Clinical Psychiatry" 62 (Suppl. 11): 37-45, 2001.

Borysenko, J., *Księga życia kobiety: ciało, psychika, duchowość*, Gdańskie Wydawnictwo Psychologiczne, Gdańsk 1999.

Brown, T., T. O'Leary i D. Barlow, *Generalized anxiety disorder* w: *Clinical Handbook of Psychological Disorders*, wydanie 3 pod red. D. Barlowa (ss. 154-208), Guilford Press, New York 2001.

Craske, M. G., *Origins of Phobias and Anxiety Disorders: Why More Women Than Men?*, Elsevier Press, Oxford 2003.

Dugas, M., M. Freeston i P. Ladouceur, *Intolerance of uncertainty and problem orientation in worry.* „Cognitive Therapy and Research" 21: 593-606, 1997.

Gould, R., S. Safren, D. Washington i M. Otto, *A meta-analytic review of cognitive-behavioral treatments* w: *Generalized Anxiety Disorder: Advances in Research and Practice*, red. R. Heimberg, C. Turk i D. Mennin (ss. 248-264), Guilford Press, New York 2004.

Hazlett-Stevens, H. i M. Craske, *The catastrophizing worry process in generalized anxiety disorder: A preliminary investigation of an analog population*, „Behavioural and Cognitive Psychotherapy" 31: 387-401, 2003.

Jacobson, E., *Progressive Relaxation*, University of Chicago Press, Chicago 1938.

Kabat-Zinn, J., A. Massion, J. Kristeller, L. Peterson, K. Fletcher, L. Pbert,

W. Lenderking i S. Santorelli, *Effectiveness of a meditation-based stress reduction program in the treatment of anxiety disorders*, „American Journal of Psychiatry" 149: 936-943, 1992.

Lynn, R. i T. Martin, *Gender differences in extraversion, neuroticism, and psychoticism in 37 nations*, „Journal of Social Psychology" 137 (3): 369-373, 1997.

McGee, R., M. Feehan, S. Williams i J. Anderson, *DSM-III disorders from age 11 to age 15 years*, „Journal of the American Academy of Child and Adolescent Psychiatry" 31: 50-59, 1992.

Meyer, T., M. Miller, R. Metzger i T. D. Borkovec, *Development and validation of the Penn State Worry Questionnaire*, „Behaviour Research and Therapy" 28: 487-495, 1990.

Mor, N. i J. Winquist, *Self-focused attention and negative affect: A meta-analysis.* „Psychological Bulletin" 128 (4): 638-662.

Offord, D. R., M. H. Boyle, D. Campbell, P. Goering, E. Lin, M. Wong i Y. Racine, *One-year prevalence of psychiatric disorder in Ontarians 15 to 64 years of age*, „Canadian Journal of Psychiatry" 41 (9): 559-563, 1996.

Ohannessian, C. M., R. M. Lerner, J. V. Lerner i A. Eye, *Does self-competence predict gender differences in adolescent depression and anxiety?*, „Journal of Adolescence" 22 (3): 397-411, 1999.

Orsillo, S., L. Roemer i D. Barlow, *Integrating acceptance and mindfulness into existing cognitive-behavioral treatment for GAD: A case study*, „Cognitive and Behavioural Practice" 10: 222-230.

Pennebaker, J. W., *Psychological factors influencing the reporting of physical symptoms* w: *The Science of Self-Report: Implications for Research and Practice*, red. A. A. Stone i J. S. Turkkan (ss. 299-315), Mahwah, Lawrence Erlbaum Associates, New York 2000.

Pennebaker, J. W. i T. Roberts, *Toward a his and hers theory of emotion: Gender differences in visceral perception*. „Journal of Social and Clinical Psychology" 11 (3): 199-212, 1992.

Rachman, S., *Fear and Courage*, W. H. Freeman & Co., San Francisco 1990.

Roemer, L., S. Molina i T. Borkovec, *An investigation of worry content among generally anxious individuals*, „Journal of Nervous and Mental Disease" 185:314-319, 1997.

Ruscio, A., *Delimiting the boundaries of generalized anxiety disorder: Differentiating high worriers with and without GAD*, „Journal of Anxiety Disorders" 16:377-400, 2002.

Wegner, D., *White Bears and Other Unwanted Thoughts*, Guilford Press, New York 1989.

Wittchen, H., S. Zhao, R. Kessler i W. Eaton, *DSM-III-R generalized anxiety disorder in the National Comorbidity Survey*, „Archives of General Psychiatry" 51: 355-364, 1994.

Zinbarg, R., M. Craske i D. Barlow, *Mastery of Your Anxiety and Worry: Therapist Guide*, Graywind Publications, Boulder, Colorado 1993.

Druk: WYDAWNICTWO I DRUKARNIA UNI-DRUK s.j.
ul. Przemysłowa 13, 62-030 Luboń, tel. 061 899 49 49 (do -52), fax 061 813 93 31
e-mail: biuro@uni-druk.pl, www.unidruk.poznan.pl